目次

はしがき……11

一　年中行事と歳時……15

はじめに
1年中行事の始まりと広がり　2「包み」の働き
3「結び」のしくみ　4暮らしの中の包み結び
5年中行事と包み結び　6中国の歳時記

二　新年の季寄……31

はじめに
1門松　2しめ飾り　3結び昆布　4生花初め　5馬騎初め
6着衣始め　7おけら祭り　8お年玉　9掛鯛　10幸木　11猿廻し
12しめ縄の四手　13綱引き　14包み蓬萊　15屠蘇散　16綯い初め
17縫初め　18初髪結い　19箸包み　20常陸帯の神事　21宝引縄

包み結び の歳時記

額田　巖

講談社学術文庫

包み結びの歳時記

はしがき

厳しかった今年の夏の暑さが急にどこかへ去って、秋のさわやかな夜中に、私は長い人間の歴史の歩みを振り返ってみた。

開け放した窓から吹き込むこの風の涼しさ、昨日までの酷暑を嘘のように一変させたこの自然の偉大な力に、驚異を感じるのは私だけではあるまい。青空の下、我々の周りには、山あり、川あり、草木があり、松は年中緑に、花は四季それぞれに美しく咲き乱れる。

その中に生をうけた人間は、幽玄な自然の中に生命を託して生活している。永遠にいくものは人の世の流れであり、現在は永遠の中のほんの一時にすぎない。

一年を通じて暑い地域、雪と氷の寒い地域、四季の移り変わりの激しい地域などで、人間が巧みに生きていくためには、その住みついた土地の気候、風土に順応することであった。だから人間の生活には、その地域で得られる材料を有効に活かすよう工夫されてきた衣食住の永い歴史がある。

衣類では、暑さ寒さから身を守るための防護にはじまり、やがて衣料の色、形、模様など、遊び心も加わり、美しいものに変わっていった。

食生活では、昔は腹を満たすことだけであったが、いつの間にか見た目にも美しい料理法とか、盛り付けのための器が工夫された。

住む家も、太古には土の上に草などを敷き、草葺き屋根で雨や寒気をしのぎ、害虫や獣からこの身を守る工夫から、ついに現代の高層建築にまで変わってしまった。

思えば、遠い昔の人は生きるための必要性から、結ぶこと、包むことを考えついた。この包・結の技を基盤にして衣食住が豊かになったというわけである。結ぶという技法は、神から人間にだけ授けられたものであり、他の動物では、その手、指の発達の相違から、絶対に真似ができない。

太平洋の真ん中にあるミクロネシア連邦の住民の生活は、最近まで結びと包みだけの技法、つまり石、木、つる、木の葉だけに頼った日常生活が営まれていたのである。ニューギニア島のダニ族は今日でも糸と紐とひょうたんの文化だけで生活しているという。我が国の縄文時代の人も多分、包・結の二つのソフトウェアによって、狩猟、漁撈などの生活を営んでいたに相違あるまい。福井県の鳥浜貝塚の出土品からこれを窺(うかが)うことができる。

その後、結びの発達によって、結髪、結帯、艤装、建築、運搬と高度化し、さらに実用の域を超えて儀礼、装飾、信仰など、精神文化や芸術の領域にまで拡がってきたのである。今日では我が国のことを「結びの花咲く国」という人もいるが、それは、飾り結びの美しさが、礼法、茶道、香道などの古来の日本文化と相互補完関係によって、高い芸術作品であると評価されるまでに発展をとげたからである。

古い時代には、包みの技法は食料の保存、貴重品の保護、さらに物品の運搬のために、いろいろな技法と種類が工夫され、やがて時代の発達と共に室内の調度、衣服の着付、弓馬の道、料理法にまで、包みの礼法が定められて、小笠原流、伊勢流などが今日に伝えられている。

私はこの包むという小さな営みの中に、日本文化を解きあかす何かがひそんでいるような気がする。「包むことは日本文化の基調である」と作家の丸谷才一氏は言っているが、たしかに、何でも包みこむ風呂敷、百貨店の紙包み、身体の各部を包む衣類、空間を包む蚊帳や天幕など、広義の包みは実に多種多様である。

日本の包みと欧米のパッケージとの違いはどこにあるのか。これを平面処理と立体処理に分類し、比較している人もいる。たしかに、我が国の「畳紙（たとうがみ）」「金子包み（きんす）」「袱紗包み（ふくさ）」「薬包み」などは「折り」「畳み」といわれる平面処理であり、一方、欧米で開発されたカバンやバッグは立体処理の代表である。

我が国では包み結びの用途は、「贈る」「装う」「運ぶ」「衛る（まも）」「契る」「遊ぶ」「装飾」などの各分野に展開されているが、包み結びはこれからどうなるのであろうか。女性はこれからも、身の装いをやめることはないだろうし、人間は食料を保存したり、運搬することから解放されることはない。つまり、包み結びは文明の進歩と共に発展するといえそうだ。

さて歳時記とは、一年中の季節に応じた行事の記録である。今まで日本人の生活文化は農業と深く結び付いていた。種まきに始まり収穫にいたるまで季節を無視した農耕生活はありえない。農作物の豊凶を大きく支配するものは、自然条件である。そこで天候に対する不安を鎮め、また農耕を妨げる鳥虫の害をのがれて豊作を得るために、いろいろなお祭りや呪術（じゅじゅつ）が生まれた。祭祀と信仰が生産過程の中に交り合い、四季それぞれの行事として定められた。つまり私たちの先祖は、常の日の間に、祭りの日を適当に挟んで、聖と俗の組み合わせによって、自分たちの生活にリズムをつけたのである。

ここでは民俗学の視点に立って、農耕の産物としての藁（わら）を基盤にした包み、結びが年中行事の中にどのような形で組み込まれてきたかを明らかにし、これを『包み結びの歳時記』と呼ぶことにした。さらにこの歳時記の中に、有名な俳句と古い時代のイラストを織り込みながら、楽しい読み物にするよう試みたつもりである。

一　年中行事と歳時

はじめに

毎年一定の時期にくり返される周期的な行事や礼式のことを、年中行事という。年中行事という語は古く、清涼殿（平安中期）の一角に置かれた「年中行事の障子」にうかがえる。これは公事（くじ）の一年中の名目を忘れないように、衝立（ついたて）障子の両面に描かれていたものである。

我が国の年中行事に相当するものを、中国では歳時または歳事と呼んだ。中国も日本も共に農耕を中心とした社会であったから、栽培上の適時をわきまえるために、季節毎のリズム感が重要であった。季節の巡りは、農耕生活とは切っても切れぬ関係がある。暦は四季に合わせて、一年を定めなければならない。我が国では旧暦（太陰暦）と新暦（太陽暦）とが用いられた。

太陰暦とは月の満ち欠けをおもな基準にして決めた暦で、一ヵ月を二十九日または三十日とし、一ヵ年を十二ヵ月、約三百五十四日と定め、さらに地球の周期に合わせるために、五年に約二回の割で一年を十三ヵ月とし、ある月をくり返す閏年を設けた。これは月の満ち欠けを主としながらも、四季をもたらす太陽の運行をも併せ考えて、暦の一年を季節に合わせるようにしたものであり、「太陰太陽暦」ともいう。

一方、明治五年（一八七二年）に発布された現在の暦である太陽暦では、地球が太陽の周りを一周する時間を一年とし、一年を三百六十五日として、四年に一度閏年をおいて三百六十六日とする。

旧暦にも新暦にも、それぞれ特長がある。日常生活は月に頼ったほうが便利であった。月明かりに頼っていた昔の生活では、夜道を歩くにしても、また夜業をするにしても、月の満ち欠けは大切であった。さらに漁業にたずさわる者にとっては、月明かりが必要であったし、河口などでは漁船の出入りに際しては、月の引力による潮の満ち干を無視することはできなかった。

春夏秋冬は太陽によって決まるもので、農業は太陽に即さなければできない。春夏秋冬の区切りのことを、「節（せつ）」とか「折目（おりめ）」といった。節というと五節句が有名である。これは正月七日、三月三日、五月五日、七月七日、九月九日のことであり、奇数とその重なりを尊ぶ中国の観念を移入したものである。その内でも祖霊を迎えるお祭りという観点から、正月と七月（盆）とに大きな節目があり、ここで一年が折半されたことになる。

節句の日には神の来臨を仰ぎ、秋の収穫を願って、神と共食する習わしがある。したがってこの日は晴れの日として、謹んで仕事を休むのである。

我が国では明治の初めに、従来の立春正月（東洋の暦法）を捨て、冬至正月（世界共通）を採用した。そのために、旧暦上の正月と実際の正月との間に感覚のずれが生じた。このずれで一番困ったのは、俳句の歳時記である。旧暦では新年はすなわち立春であったが、新暦となって立春以前に新年が来ることになったので、歳時記でも別に「新年」を作り、春・夏・秋・冬の外に新年という部を挟み、一年を五つに分けている。ここでもその考え方に従うことにした。歳時記の簡易なものを俳諧では季寄（きよせ）と呼んでいる。

我々が年中行事（歳時）について知ろうと努めるのは、日本人の暮らしの仕方や物の考え方、さらに信仰のあり方などを理解するために必要だからである。

年中行事の障子〈『年中行事絵巻』〉

1　年中行事の始まりと広がり

我が国の年中行事のうち、祭りについては、奈良、平安時代に中国大陸から入ってきたものが多くある。それらは、初めは朝廷を中心にして取り入れられ、次第に神社や寺院に広がり、一部は幕府に受け継がれた。同時に民間にも広がり、祭礼として盛んに行われた。

また我が国古来の民間信仰に始まる行事も少なくない。これらの祭祀は民間に伝承され、今日に至っている。さらに中国大陸から入った行事と日本古来の民間信仰が結びついて、独特の型を作ったものもある。場合によっては、民間行事が逆に上流社会に昇っていったものもある。

いま正月行事（元旦〜一月十五日）としての二十三行事を取り上げて、これらが宮中、神社仏閣、武家社会、民間の各社会に、どのように広がっていったかを紹介しよう。

表1からわかるように、宮中に取り入れられた祭祀、行事は、ほとんど神社仏閣、武家、民間の各社会に浸透している。また神社仏閣と民間だけで行われているもの、武家社会と民間で行われているものもいくつか認められる。特に民間だけで行われている祭祀、行事の多いことは注目すべきである。

さらに中央では行われても地方では行われず、また少し形を変えて地方で行われ、行事の遺風を存するものもある。

正月行事	期　日（1月）	宮中	神社仏閣	武家	民間
おけら参り	大晦日～元旦		○		○
恵方（えほう）参り	1日		○		○
若水		○	○	○	○
雑煮（ぞうに）	1日～3日	○	○	○	○
屠蘇（とそ）	1日～3日	○	○	○	○
年玉	1日～3日		○	○	○
年始	1日～3日	○	○	○	○
初山踏み	2日				○
七草粥	7日	○	○	○	○
鍬入れ	11日				○
鏡開き	11日			○	○
繭玉	14日				○
ホトホト	14日				○
小豆粥	15日		○	○	○
削りかけ	15日		○		○
庭田植え	15日		○		○
鳥追い	14・15日				○
成木責め（なりきぜめ）	15日				○
祝い棒	15日	○	○	○	○
なまこ曳き	14・15日				○
左義長（ドンド）	14・15日			○	○
塞（さい）の神	14・15日				○
踏歌（とうか）	14・16日	○	○		

表1　正月の行事

2 「包み」の働き

包むという働きには、「物品をつつむ」「身体をつつむ」「空間をつつむ」などいろいろあって、もしこれらをイラストで表すと、王朝風俗そのままに寝殿造りの大部屋に几帳(きちょう)や屏風、壁代(かべしろ)をしつらえ、そこに十二単(ひとえ)の女房を座らせて、柱には匂い袋を掛けて……となるが、ここでは機能表（表2）によって説明することにしよう。

「物品をつつむ」とは「収納する」（詰める）ことであって、これは固体、液体、粒体を入れる各種の容れ物に相当する。「身体をつつむ」とは「着る」ことであり、肢体を保護したり、防寒用に着る衣類に他ならない。そして頭、胴、手、足にはそれぞれの包み方がある。また「空間をつつむ」とは「囲う」「区切る」ことであり、室内ではいろいろの屛障具によって遮られ、屋外では塀や垣によって囲まれる。

表2を見ていると、永い間における日本人の生活の発達がわかるような気がする。それぞれの容れ物には、それぞれの由来があることはいうまでもない。日本を代表する容れ物として、俵、酒樽、風呂敷を挙げてみたい。

俵は米や野菜、果物の包装のほか、硫黄、石灰などの鉱物を輸送するのにも用いられた。藁のすき間をとおして通風が行われるので中のものがくさらない。目の粗い俵に、なぜ粒状

	物品	
つつむ	収納する（詰める）	
	固体	籠、袋 箱、行李 風呂敷
	液体	皮　袋 桶、樽 瓶
	粒（粉）体	俵 布　袋 紙　袋

	身体	
つつむ	着る	
	頭	頭　巾 手拭い
	胴	下　着 褌 腰　巻
	手	手　甲 手　袋
	足	脛　当 足　袋

	空間	
つつむ	囲う（区切る）	
	室内	几　帳 壁　代 屏　風 ふすま 障　子 蚊　帳
	屋外	天　幕 塀 垣　根 灯　籠

表2　「包み」の働き

のものや粉状のものまで包めるのか、不思議に思える。

酒樽は中に入っている酒に杉材の香を与えるので、他の容れ物で代用することはできない。杉の中でも吉野杉が最高であるという。しかも、良酒を入れていた空き樽には芳香が残っているので、あとで粗酒を入れて酒の質を向上できるために、「一明き」といって高い値段で取り引きされたという。樽は形が筒形であるために転がすことができ、周りに傷をつけぬために薦を巻くという工夫が施されて、大阪から江戸へ酒を輸送した。

次に風呂敷は、どんな形のものでもすべて包み込んでしまうので、その重宝さが見直されている。外国人は風呂敷のことを、「フレキシビリティ」と呼ぶ人もいる。

「包み」は覆ったり、囲んだりする実用の域を超えて、「畳む」「折る」という折り形の分野に進み、折形礼法が作り上げられた。折り形の礼法とは、慶弔や贈り物の種類や相手の身分などを考えて、紙の種類、水引の結び方、包み方などをふさわしいものにすることである。しかも行事の格式に合わせて、真、行、草の三段階を設けたので、包み方の種類は多様化して百種以上に及んでいる。

昔の人は贈り物を美しく包み、きれいに結ぶことは、自分自身の気持ちを相手にそのまま伝えることだと考えた。自分の心を形に表しているからである。

3 「結び」のしくみ

結びは「目」と「体」と「手」から成り立っていて、人間の身体に似たところがある。用途によって、その要素の一つだけが発達しているものもあり、また二つ以上が共に発達しているものもある。

ふつう「結び」といわれているものは、「目」に相当するところである。「花結び」というのは「目」の部分だけが発達したものであり、編み物や刺繡は「目」の部分が左右へ、あるいは四方へ連繫したものである。

「体」の部分も、日本刀の柄(つか)やドビンの把手のように、くり返し巻き込んでいけば強さも加わり、外観的にも美しくなる。「手」の部分が発達したものには、「水引結び」「女帯結び」「角力の横綱」などがある。

結びの技法は、「二本の紐をつなぐ」（結合）から始まり、「結着」「結節」「結縮」などに広がった。そのうち実用の域を超えて象徴化され、その概念は結婚用や信仰用などに使われた。

4　暮らしの中の包み結び

「包み」には包み自身の利用領域があるし、「結び」には結び自身の利用領域がある。ところが「包み」と「結び」との機能間には、切っても切れない深いかかわりがある。たとえば、物品の上から布や紙をかぶせただけでは包みの用をなさないし、また吊り下げることもできない。

そこで物品が覆いの外にこぼれぬように、包みの口の部分を閉めねばならない。その技法としては、結ぶ、縛る、とじる、縫う、畳む、はせる、絞る、等々が考えられた。これらは人間の長い間の経験からたどり着いた、広義の「結び」であったといえる。

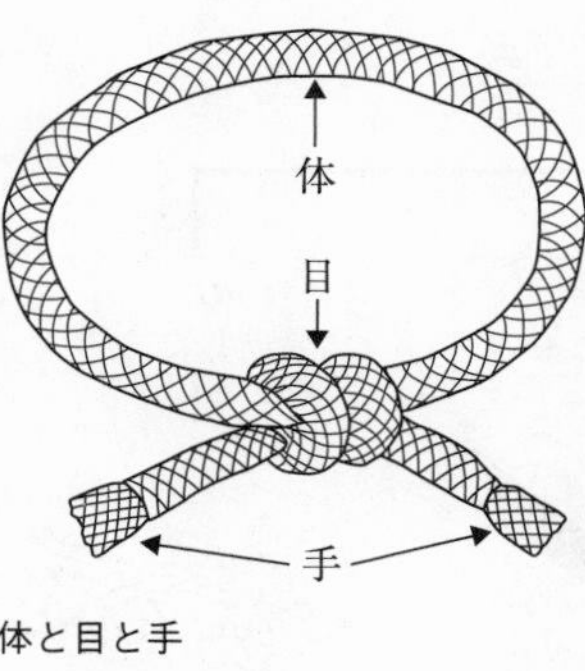

体と目と手

結びのしくみ
「手」の
発達したもの
「体」の
発達したもの
「目」の
発達したもの
女帯
刀の柄
編み物
金子包み
荷造り
花結び
不知火型
俵

結びのしくみ

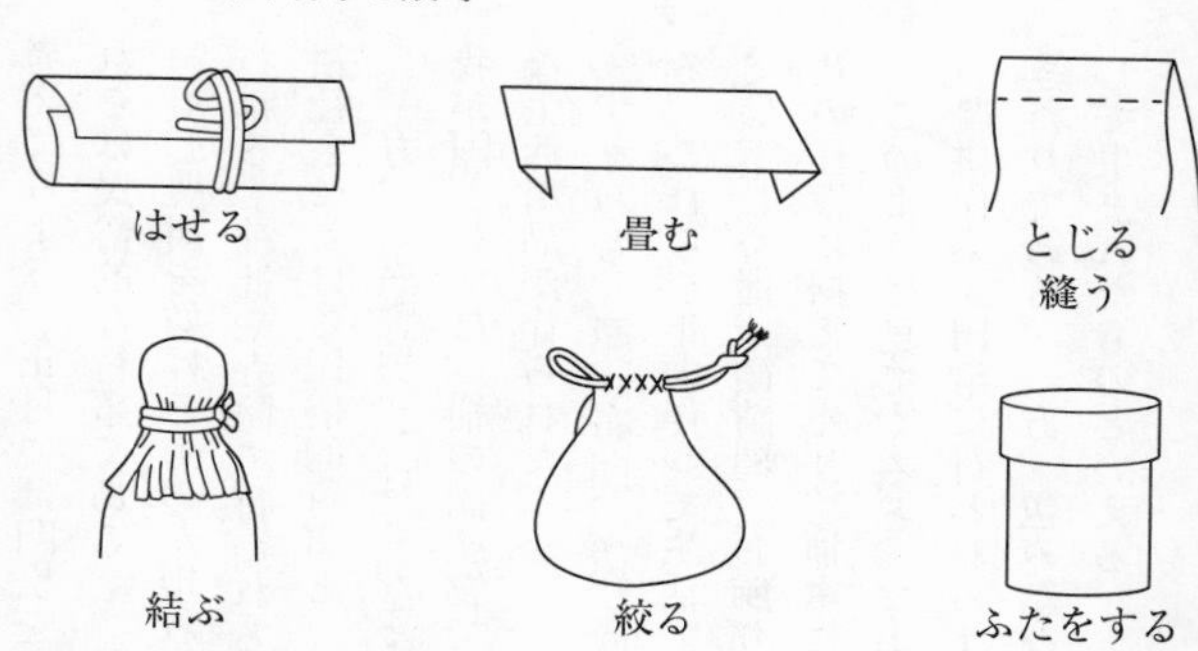

口の閉め方

包むとか、結ぶということは、昔の人の衣食住にとって、保護、貯蔵、運搬などのために欠かせない技法であった。しかし、やがて生活様式が発達するにつれて、身体を美しく装うこと、知人に金子や物品を贈ること、花を包んで贈ることなど、儀礼の分野に広がっていった。これは人間が生きるだけではなく、その精神文化を高めるためにも必要なことであった。

これら「包み」「結び」の実用的、象徴的な利用面は、「装う」「贈る」「祈る」「契る」「衛る」「遊ぶ」などの働きを通して、人間の儀式や行事の中に巧みに組み込まれていったのである。

5　年中行事と包み結び

季節の循環と農耕生活とは、直接に結びついている。したがって、季節を無視した農耕生活はありえない。いま一年毎の行事の中から、身近なものを選んで考えてみよう。正月には門松を立て、三月三日には雛を飾り、五月五日には幟を立てる。これらは民俗的な行事である。

もし農耕を妨げるものが現れると、これを追い払って、豊作を招くための祈りや祭りが行われる。神社や寺院で行われる各行事は、宗教的行事である。「年中行事」というのは、農耕社会における民俗的行事と、宗教的行事を骨組みにして作られている。

一方、「包み結び」はどのようにして生まれたのであろうか。古くから農耕に頼ってきた我が国としては、稲の副産物である藁を重要視した。藁から作る藁縄を利用して、いろいろな生活用品が作られた。

すなわち、籠、布団、俵、叺、畚、蓑、筵、薦、草履、足半、藁製の靴、暖簾などである。これらを年中作って生活できた時代が長く続いた。また藁を用いて作る信仰用の品としては、しめ縄、勧請縄、お飾り、綱掛け（太い綱を作って、蛇がとぐろを巻いた形にして神社の拝殿に据えて祀り、神木に掛ける）など、いずれも綱の呪力を信じる行事である。

このように見てくると、年中行事は予祝（あらかじめ祝うこと）、種蒔き、取り入れなどの農耕作業が円滑に行われるようにと、季節の推移に従って一定の時季に行われる行事、しきたりである。一方、包み結びは農耕の営みの中から得られる副産物、すなわち藁を主流として生まれたものといえる。

すると「年中行事」と「包み結び」とは、共に農耕という同じ土壌の基に育った営みであり、年中行事を花や葉にたとえれば、包み結びはその根であるといえるかもしれない。包み結びはあくまでも脇役として、わが国の文化を支える陰の力であった。

6　中国の歳時記

中国では毎月を二分して一年を二十四に分け、月の前半（奇数番目）を「節気」と呼び、月の後半（偶数番目）を「中気」と呼んでいる。節気と中気とは、交互に月に一回ずつ来ることになる。旧暦の各月に対する二十四節気は、次のようである。

春（立春から立夏の前の日まで）

	節気	**中気**
一月	立春	雨水
二月	啓蟄（けいちつ）	春分
三月	清明	穀雨

夏（立夏から立秋の前の日まで）

四月	立夏	小満

五月　芒種　　　　夏至
六月　小暑　　　　大暑

秋（立秋から立冬の前の日まで）

七月　立秋　　　　処暑
八月　白露　　　　秋分
九月　寒露　　　　霜降

冬（立冬から立春の前の日まで）

十月　立冬　　　　小雪
十一月　大雪　　　冬至
十二月　小寒　　　大寒

次に二十四節気をさらに細かく分け、七十二候とする。「気候」というのは、二十四節気の「気」と七十二候の「候」から取った言葉である。一候は五日となり、五日毎に気候が変わっていくと考えたのである。

七十二候の名称を眺めてみよう。一月の「立春」（節気）を例にとると、①東風氷を解く、②うぐいすなく、③魚のぼりて氷を負う。続いて「雨水」（中気）については、①つちのしょう、うるおいおこる、②かすみ、はじめてたなびく、③草木萌し動く。

右のように動植物の季節に該当するものが多く、これらは「季語」として使われる。「かわうそ魚を祭る」というのは、獲った魚を石の上に並べて置くことである。農家ではこの「候」の説明に従って、行事を行うようにしていった。各名称はそれぞれ風流な名前が付いており、それは太陽暦に基づくもので、季節の感覚が盛られているが、これは華北あたりで作られたものであるから、日本の気候とは少しずれている。七十二候については後で委しく述べる。

春分、秋分、夏至、冬至を「二至二分」といい、太陽暦法の柱になっている。日が最も長くなる日が夏至、最も短くなる日が冬至で、昼と夜とが同じ長さになるのが春分と秋分である。節分というのは、立春の前の日のことである。節分の「節」は二十四節の節のことで、その代表として春夏秋冬の季節の始めを節分といった。したがって節分は年に四回あったが、立春は正月の節であるから、春の節分だけが残ってあとは忘れられたのである。

二　新年の季寄

はじめに

旧暦（東洋の暦）では、新年を立春（二月五日頃）に合わせるようにしていたので、新年は同時に迎春であり、春着というのは正月着のことであった。ところが新暦（ヨーロッパ系）になってからは、立春よりもほぼ一ヵ月早く新年を迎えることになった。このように新年は、春夏秋冬とは別の季節なので、新年に関する季語は区別されている（基本季語は、新年、初春、去年、元日、小正月など）。新年のことを別に正月（睦月）とも呼んでいる。

新年にはトシの神を迎える、トシとは米のことであり、トシの神とは米作りの神様である。新年にはトシの神様が家々にやってきて、その年の豊作を保証してくれる。

トシの神を迎えるために、村や家に穢れがないように、清めるための行事がいろいろ行われる。

あら玉の年立って足袋大きかり　川崎展宏
正月や刈らずの髪に福頭巾　宮部寸七翁

また正月には各習い事の、初めて行う行事がある。たとえば「乗り初め」「綯い初め」「縫初め」「結い初め」「使い初め」「書き初め」「弾き初め」「食い初め」など、いろいろある。

1　門松

新年を祝って、家の門口などに立てる一対または一本の松。中世以降は竹を一緒に飾ることが多い。松は本来、正月に迎える神の依代の意味を持ち、長寿を願うものである。

松立てて空ほの〴〵と明る門　夏目漱石
大いなる門のみ残り松飾　高浜虚子
門松は冥途の旅の一里塚　めでたくもありめでたくもなし　一休

昔は高さ三間（約五・五メートル）ぐらいの竹と、一間半ぐらいの松を二間おきぐらいに立てた。横に竹を渡したこの形は、ちょうど中国の華表（鳥居）形になる。それに「しめ」を引き真ん中を大水引で結え、田作を二匹さした福包みと串柿、佐倉炭を横につけ、その周囲を橙に海老、ゆずり葉、ほんだわら、裏白などという類の物で体裁よく飾り付けた。下部の足固めの部分の縄締めは、必ず「男結び」を用いた。

門松に炭を結びつけたのが結炭であり飾り炭ともいう。正月の門松に慶祝の意を表す松を飾るようになったのは延久・承保の頃といわれ、今から九百年も前のことである。この松に炭を配するのは、やはり慶祝と長寿の願いを込めているようで、「炭」と「澄」（邪念が消えて心に穢れがなくなる）との同訓に寄せたものであろうか。

切口の菊花めでたし飾り炭　横関俊雄

角大師たつや元三かざり炭　常二

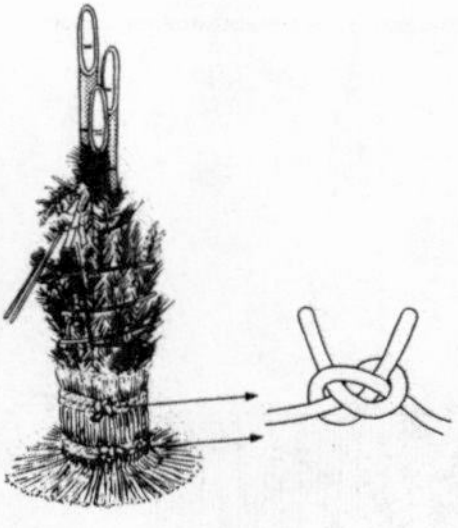

男結び

2　しめ飾り（飾り縄）

しめ飾りのある正月風景は、日本独自のものである。しめ飾りとは、正月にしめ縄を張って飾ることをいう。しめ縄は注連縄、七五三縄、標縄とも書かれ、元来は神が占有

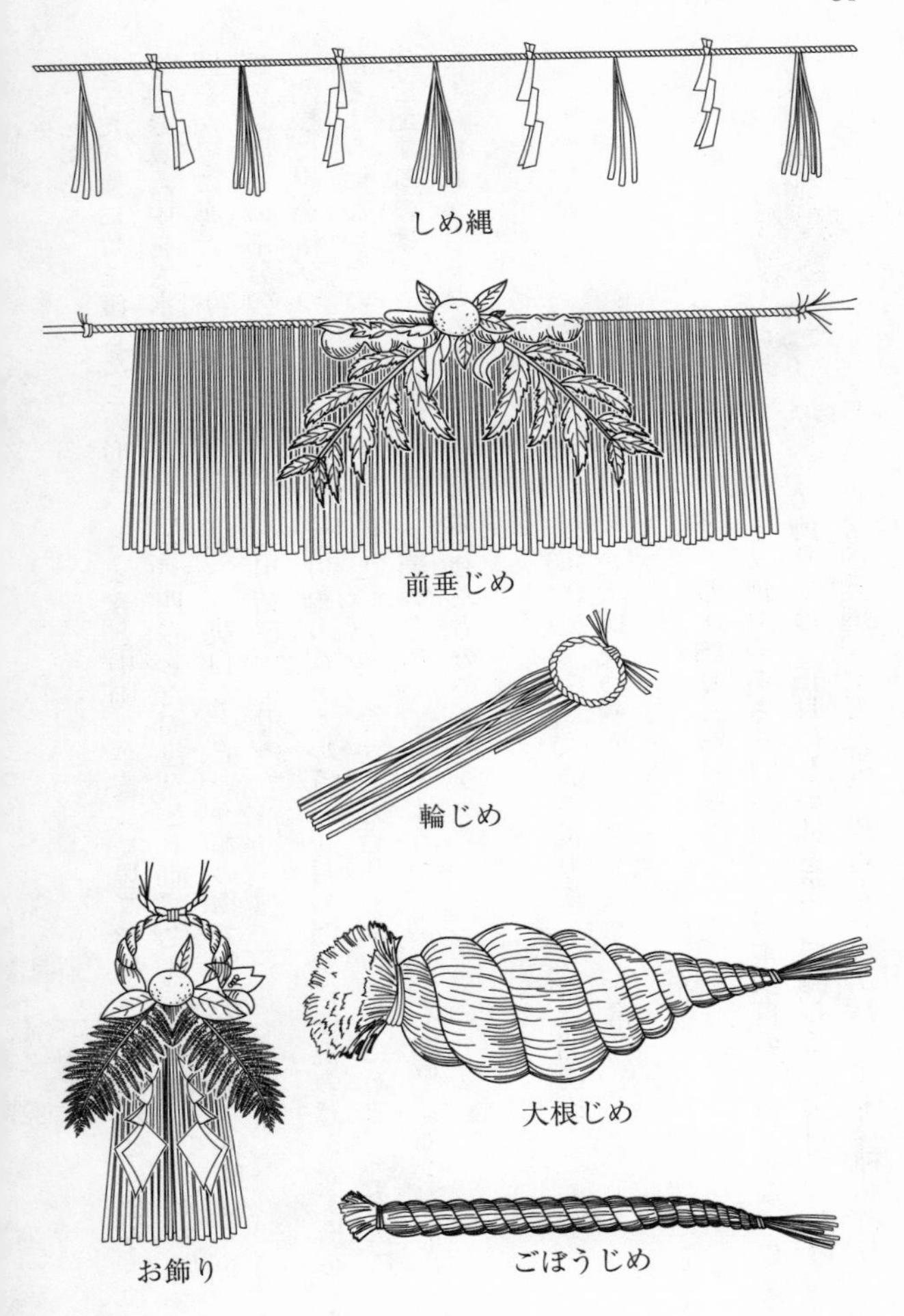
しめ縄
前垂じめ
輪じめ
お飾り
大根じめ
ごぼうじめ

する清浄な地域を示す縄張りであり、神棚、竈(かまど)、蔵、臼などに張る。

しめ縄はいろいろな形に発展したが、門松と門松との間に張る前垂(まえだれ)じめは、縄から藁(わら)を一面に垂らしたものである。また藁を輪にして掛けるものを輪飾り、輪じめ、掛飾りという。また尻久米(しりくめ)藁を垂らさずに太く短いものを大根じめ、そのやや細長いものをごぼうじめという。関東地方ではお飾りが多く使われる。

飾縄や内外二重御代の松　西鶴
飾り藁を結び分ばや春の道　馬光
しめを焼く子等に雪ふる磧(かわら)かな　田中田士英

3　結び昆布

昆布をわざわざ結び、大福茶や雑煮などに入れるものをいう。正月の睦月(むつき)↓睦び月↓むつび↓むすびと、悦ぶ↓こぶ（昆布）をつないで「むすび昆布」をもって新年のお祝いとしている。この結び昆布は正月に限らず、おめでたい席のお茶や昆布茶の上に浮かせて用いられる。その傾向は関西方面に多い。

結び方には相生(あいおい)結び、淡路(あわじ)結び、文(ふみ)結び、千代結びなどがある。結び昆布のほかに、結び

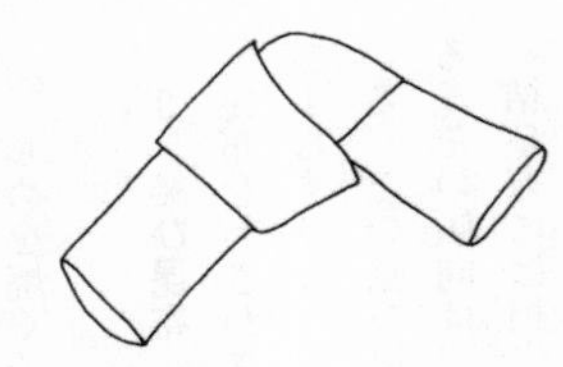

結び昆布

生花〈『絵本藻塩草』〉

木花包み

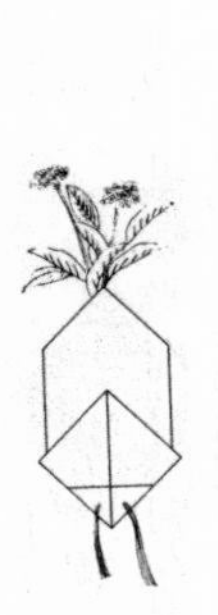

草花包み

ごぼう、結び蒲鉾、結び三つ葉などがある。

杉箸ではさみし結び昆布かな　松瀬青々

子が次も箸だすものに結昆布　森澄雄

祝い膳小杉に結び昆布かな　嵓永露舐

4　生花初め

新年に初めて花を生けることをいう。新年の期間中で決まった日に、生花の師の家に集まって、門弟たちが生ける場合をいい、稽古初めと同じ意味でいう。これは新年の儀式、行事として行われるものである。

生初(いけぞめ)や多き女弟子の池の坊　中野羊我
ひとすぢの光ゲまとひしもの生花始　新谷ひろし

十五世紀後半から花の伝書が多く書かれ、やがて華道が民間に定着していった。また茶の湯の発達と共に、自由な茶花が生まれた。立花(花のある木)と並行して、町人の教養として投入花を生み、草花を中心とした親しみやすい生花(いけばな)が生まれた。

江戸時代中期に江戸で盛んになった華道遠州流の分流、遠州流正風の門弟芦田一英が明治四十四年(一九一一年)に著した『はなつつみ』には心得十訓が述べられているが、その中の一つに「来客に挿花を所望するときにも花包みに包んで差し出すのが礼儀である」と述べている。

同書には、花の種類毎の包み方二十六種を紹介しているが、それによると、包みにはその花にちなんだ色目の紙を見立てて使っている。しかも有職(ゆうそく)の襲(かさね)の色目にならって、内側の染め紙に少し小型のものを重ねて、包みの美しさを増している。水引も紅白のみではなく、金銀を使って、花に合わせた工夫をしている。

安永四年（一七七五年）刊の『挿花稽古百首』には、木花包みと草包みとが紹介されているが、これらは包み方が前々頁下図のようにはげしく相違している。木花包みには水引がかけられているが、草花包みには紙の下端に穴があけられ、それに水引を通してあるのが注目される。

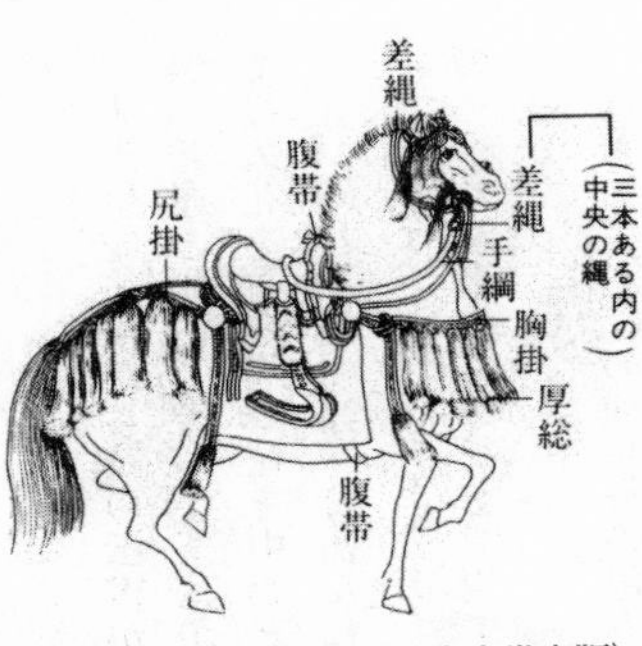

馬の綱〈『有職故実図鑑』東京堂出版〉

5　馬騎初め

馬騎初め(うまのりぞ)とは江戸時代、武士の年中行事として、新年の五日に初めて馬に乗る儀式である。馬は武家にとって離すことのできぬものであったから、馬騎初めには、昔からいろいろの風習があり、一つの儀式でもあった。

騎初にとく開かれし御門かな　野村泊月
騎初や鞭加へ越す雪野原　広江八重桜

馬の轡（くつわ）の左と右に結びつけて、これを手に握って馬を操縦する綱を手綱（たづな）といい、これは布、縄または組紐で作られる。馬を操るのには手綱だけではなく、差縄（さし）も必要である。差縄とは馬の頭から轡にかけて付けるもので、手綱に添えて用いる。牽馬（ひき）には口取りと差縄を左右からつかんで曳く。

6　着衣始め

新年には、昔は春着（はるぎ）を着て、賀詞を交わすしきたりがあった。正月三が日の内の吉日を選んで、新しい着物の着衣始め（きそ）を行う。美しい春着を着て、日本髪を結った若い女性たちの初詣でや初芝居見物の風景は、今日でも見ることができる。

母方の紋めづらしやきそ始　山蜂
老いてだに嬉し正月小袖かな　信徳

吉弥結び　　桃山時代の小袖　　振袖

本結び

藤結び

帯締めの結び方

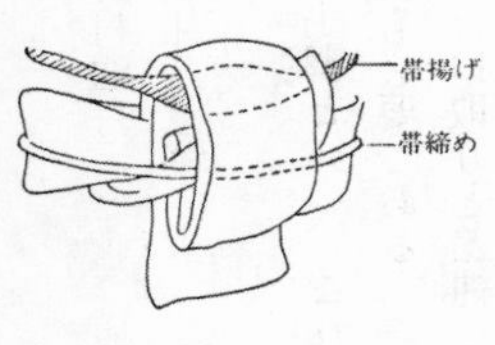

太鼓結び

文庫（結び）

ふくら雀（結び）

髪重きうなじ伏せめに春着かな　久女
をみなたち春着の帯を垂れ垂れたり　青邨
帯締めて春著の自在裾に得し　野澤節子

春着とは晴着(はれ)のことで、新しい着物を帯で結んで美しく着付けることである。庶民の着物として小袖を着る風習は、室町時代以降に一般化した。その場合、着流し風に着付けるために帯の発達を促し、その結び方もいろいろ開発された。小袖の意匠は次第に華美になり、江戸町人の「粋」を表す大胆な文様が生まれた。そして十八世紀中頃、宝暦以後になると、若い娘用に大振袖が考案され、同時に帯も装飾化し始めた。

帯の結び方には、前結びと後ろ結びとがあった。前結びは中年以上、後ろ結びは若年向きと区別されていたが、仕事上、前結びは不便のため次第に後ろ結びが増えていった。女帯は次第に巾広となり、丈も長くなっていったが、それは小袖を裾長く着る町人の着流しスタイルのアクセントにしたためであり、もう一つは、当時の女形たちが、こぞって巾広の帯を舞台で用いたからである。

明治以降、帯結びの主流となった太鼓結びは、十九世紀の初め、文政の頃に深川芸者が江戸亀戸(かめいど)天神の太鼓橋落成の渡り初めに、この新しい帯結びをして勢揃いしたことから「太鼓結び」の名が起こったといわれる。

この太鼓結びには、その形を崩さず保つために、細紐の助けが必要であり、「帯締め」が生まれ、さらに帯留めや帯揚げが誕生することとなった。

おけら祭り（京都・八坂神社）

7　おけら祭り（八坂神社）

京都祇園の八坂神社で、十二月三十日の深夜から元旦にかけて行われる神事である。「おけら」とは漢方の薬草で、独特の匂いがあり疫病を追い払うといわれる。

この日は、社殿に立てた削り掛けの木を一時に焼き、その火を、おけらを加えた大篝（かがり）に移し、参詣人はその火を吉兆縄に移して、消えないようにグルグル廻しながら帰り、自宅の神棚や仏壇の灯明、雑煮を炊く火種などにする。おけらを焚く時その煙の流れる方向で年占いを行ったり、深夜、社前の他の火をいっさい吹き消した闇の中で、参詣人は口々に他人をそしり、そしられた人はこれを恨まないという風習もあった。

参詣帰りの人々の火縄の輪が行き交う中に、京の町は新しい年を迎えるのである。同類の行事は滋賀県多賀町の多賀大社や、富山県氷見市の八幡神社などにもある。

くらがりに火縄売る子の声幼な　大橋越央子
鳥居出てにはかに暗し火縄振る　日野草城
火縄振り四条まっすぐ来て明くる　桂樟蹊子
天幕に八坂の御紋火縄売　亀井糸游

8　お年玉

正月の贈り物のことであるが、元来は神への供物であって、同時に神よりの賜り物であった。この二つは、神と人との酒食が神祭の中心であることから同じ名で呼ばれるようになり、食物以外のものにも及んだ。祭りに参集したものが持ち寄ってきたものを、分けるのが贈り物の本来である。年始の礼に餅を主とする地方があるが、それがやがて手拭いや半紙になった。現在では目下の者や子供たちに現金を贈るのが多い。

年玉の水引うつる板間かな　高浜虚子

水引を結ぶ女〈『絵本吾妻の花』〉

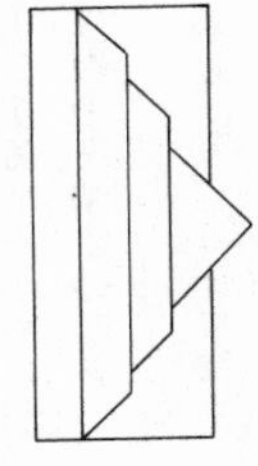
糸包み
（小笠原流）

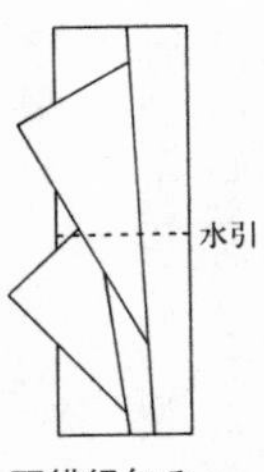

羽織紐包み
（小笠原流）

年玉の鮭の巻藁薄みどり　西川うせつ

江戸時代の町家では、お年玉には搔柄杓（かいびしゃく）、鼠半紙、塗箸、粗製の扇子など、粗末なものを用いた。またその土地にできる物でかさの小さいものが選ばれた。たとえば京では、元結（もとゆい）、羽織紐、絹糸などであった。お年玉用の扇子は、竹に紙を張った名ばかりのものであり、それを麗々しく箱に入れて贈った。

扇のようにしたものを礼者くれ　　(川柳評万句合)

正月十五日すぎには、来年のお年玉用の扇子箱を買いとるために、業者が各戸を訪れた。箱は安かったので、百文（銭湯代が四十文）あれば風呂敷いっぱい買えたようである。

扇箱買いふろしきと百で出来　　(川柳評万句合)

9　掛鯛

掛鯛とは二匹の塩鯛を腹合わせに、藁縄でのどから結び、しっぽを紙で包み、裏白、ゆずり葉などを添えて、元日から台所の竈の上に掛けた縁起物である。これは鎌倉河岸に炭市の立つ六月一日に、熱物にして食べると疫病を免れるといわれた。

掛鯛をあげて熊野をぶちまけろ　　(川柳評万句合)

熊野とは熊野炭のことであり、ぶちまけろは、中のものをすっかり出しちらすという意味である。あげては、すませての意味で、この句は六月一日の行事を詠んだものである。

滝沢馬琴の『俳諧歳時記』（享和三年＝一八〇三年刊）には、「元日小鯛一双藁縄を以て両喉を結び、しだならびにゆずり葉を挿して、かまどの上にかけてこれを掛鯛と称す」と記している。吊り下げる時、互いに相対するから睨鯛（にらみ）ともいう。生きたものを網元から直接買わないと初物にならないという地方もあるが、塩干しでする地方もある。

懸鯛や相かはらずに向ひあふ　千尺
懸鯛や川氷り（こお）ゐる神の庭　橋本鶏二
猫の目に掛鯛懸かる幾日かな　武田酔仏

10　幸木

幸木（さいわいぎ）とは正月用の魚類や海藻、野菜などを吊り下げておくために、内庭の入口とか神棚の下などにしつらえた横木のことをいう。普通は六尺（約一・八二メートル）ぐらいの松丸太を伐ってきて、内庭の入口の上に両端を縄で結んで吊るす。その木には毎年新しく藁（わら）縄で吊り手をこしらえるが、その数は平年なら十二本（閏年には十三本）を付ける。

それらの吊り手ごとに鰯（いわし）や鰤（ぶり）などの魚、鯛などの干物、鰹節数本、するめの束、昆布、鶏卵の藁苞（つと）などを下げ、さらに両端に大根の束を掛ける。これらの食品は食物が豊かなことを祈っての風習であり、これらの食物は正月二十日頃までに食べ尽くす習慣である。

いざ祝へ鶴をかけたる幸木かな　松瀬青々
かけ添へて昆布めでたし幸木　呼子無花果

幸木に縄の吊り手を作るのには工夫がいる。物を吊り下げる場合には、結び目に対して垂直に力が加わるので、普通の結び方では結び目が緩む。そこで幸木の下側で、ひと結びかふた結びで一度軽く止め、次に縄の一端を伸ばして十数センチぐらい下側でもう一度一重結びにして止める。つまり二ヵ所で止めると、結び目にかかる力が分担されて緩まないのである。

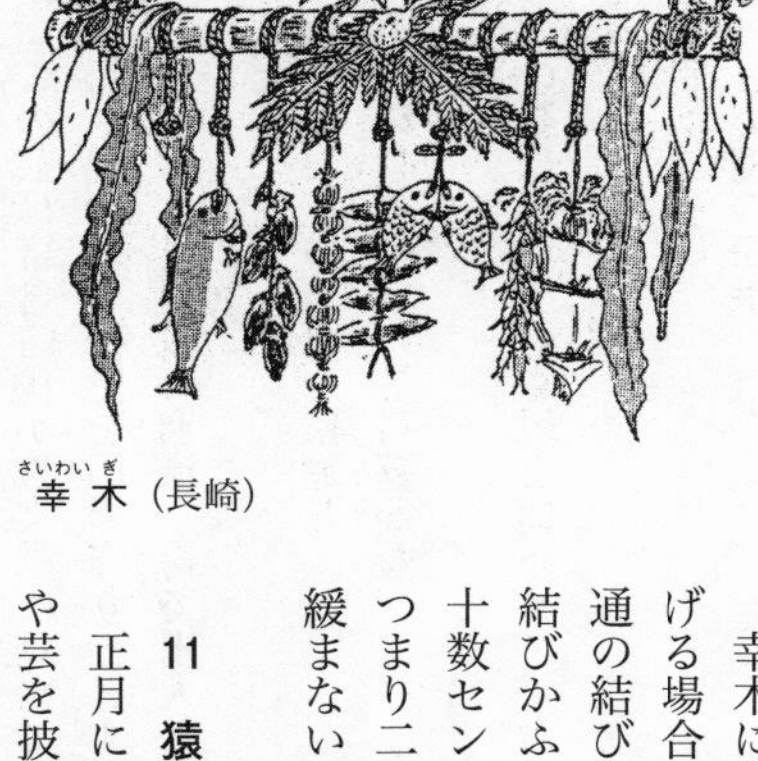

幸木（さいわいぎ）（長崎）

11　猿廻し

正月に猿をつれて家々を廻り、太鼓に合わせて猿の舞いや芸を披露し、心付けを受け取る芸人のことを猿廻しといった。この芸は鎌倉時代から文献に見えている古い行事である。「災害が去る（サル）」といって縁起を祝ったり、猿を馬の守り神とする信仰から、馬屋を尋ねて馬の健康安全を祈る習わしもあり、大名屋敷へ羽織、袴で出入りする者もあった。

風呂敷や猿の著更(がえ)や猿廻し　宅谷

猿曳の猿を抱いたる日暮かな　尾崎紅葉

一本の紐に飼い主の意思を通わせて、お辞儀をしたり、後足で歩いたり、いろいろの芸をする姿はいじらしい。

12　しめ縄の四手

しめ縄は前に述べたように古くは標縄とも書かれ、正月の神すなわち年神(としのかみ)を迎えて、年神のいる聖域を示すための縄張りの意味がある。今日では、玄関や神棚、台所の荒神様に飾っている。大晦日に飾ると一夜飾りになるといって忌(い)まれるので、遅くとも前年の十二月三十日までには飾ることになっている。

しめ縄につけて垂らす紙のことを四手(しで)と呼ぶ。この紙は古くは、ゆう（木綿）を用いた。

しめ縄は、左綯(な)いの縄を綯いながら、一定の間隔をおきながら藁(わら)の端が垂れるように出していく。垂らす端のことを「しめの子」という。しめの子を三筋、次に五筋、また間をおいて今度は七筋というふうに順に出していき、三五七をくり返して必要の長さにまで綯い続ける。「七五三縄」と書いて「しめなわ」と読ませるのは、ここからきている。

しめの子の間々に白紙の四手を垂らす。四手には図に示すように、いろいろな形がある。

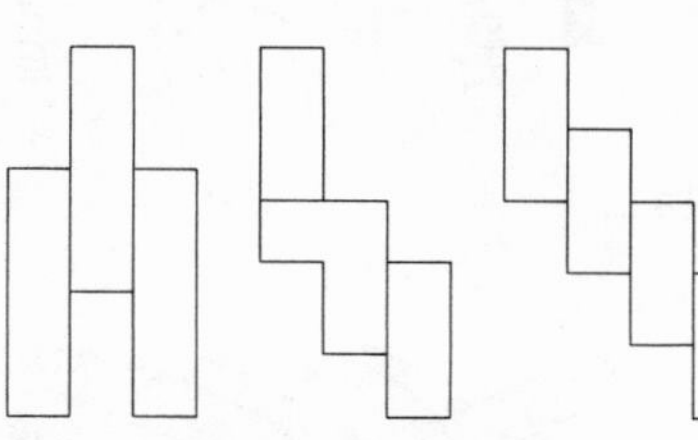

しめ縄（宮崎・高千穂神社）

四手（しで）のいろいろ

横井也有の俳諧書『鶉衣』に、「さらば臣等も幣帛のむつかしきわざはしらずとも、笹の葉にしで切かけ太鼓をならして、及ばずながら力を合せ奉るべし」と記している。

宵ひそと一夜飾りの幣(しで)裁ちぬ　　富田木歩

13　綱引き

小正月の占い行事の一種で、一月

十五日に村落対抗で行われ、勝った方に豊作が恵まれるという。正月の綱引き行事は、東日本で行われる例が多い。西日本では八月十五日に、盆綱引きとして行うところが多い。

綱引き

綱引や双峰の神みそなはす　石井露月

綱太く引きも撓（たわ）まぬ人数かな　小沢碧童

次に変わった綱引きの例を紹介しよう。

長野県松本市追倉の道祖神の綱引きは珍しい。村落の男女が長さ三～四間（約五・四～七・二メートル）の太綱を綯って、両端を結んで輪にし、一人がその中に入って鼓鉦を打ち鳴らして「ナンマイダ」と題目を唱える。他の人はそれに合わせて綱の輪を回し、結び目が回ってくる毎に押し戴いて厄を払う。つまり数珠を回す百万遍と同じ結びの呪術である。これを三回ほどくり返して結び目を解き、男女が分かれて綱引きをする。ここでは女が勝つと豊作になるといわれている。

もう一つの変わった綱引きは、福井県三方郡美浜町日向の水中綱引きである。これは一月十五日に行われ、町内の漁業の若者たちが、二、三十人ずつ二手に分かれて、日向湖と海との境の日向橋の下で綱引きを行い、直径一五センチの綱を歯で嚙み切るというものである。嚙み切った綱は沖へ持って行って捨てる。昔は漁業と農業の豊凶を占ったものらしい。

前頁に示すように、男綱と女綱との結合部のからめ方に、結びの呪術がひそんでいる。

14　包み蓬莱

蓬萊山は中国の神仙思想で説かれる仙境で不老不死の仙人が住む山と伝えられる。

蓬萊山をかたどった台の上に、松竹梅、鶴亀などを飾って祝儀や酒宴の飾り物とした。近畿地方では三宝の上に白米を盛り、その上に熨斗鮑（のしあわび）、勝栗、昆布、野老（ところ）、穂俵、串柿、柚子（ゆず）、柑子（こうじ）、橙（だいだい）、蜜柑、伊勢海老、榧（かや）、梅干しなどを飾り、松竹梅を立てた。その主な目的は、有る限りの食物を盛り立てることであった。

蓬萊

また懸蓬萊（かけほうらい）は、節物を包み蓬萊はその節物を紙に包み、上から水引で結んだものである。集めて掛け下げるものである。

蓬萊を掛けて隠るる古柱　後藤比奈夫

住吉の掛蓬萊の穂の揃ふ　後藤夜半

15 屠蘇散

一年の始めに、屠蘇散（とそさん）を酒に浸した屠蘇酒を飲めば、一年の邪気を払って寿命を延ばすという。この風習は平安時代初期、嵯峨天皇の頃に中国から渡来したもので、それが庶民の間に広がったものである。中国では「蘇」というのは、「悪鬼を屠る（ほふる）」という意味である。昔は桂皮をはじめ十種に近い薬種を各家で調合し、三角に縫った袋に入れて除夜の鐘から井戸の内に吊るしておき、元日の早朝に取り出して上等な酒の中に振り出し、雑煮の前に祝い、来客にも初献に勧めた。息災を祝う意味で、年少者を先にし、順次年長に及ぶ定めがある。

徳利より紅白の糸屠蘇袋　　土田瓦平

どんぶりと井戸へ点うつ屠蘇袋　　（柳多留）

ぬれ色やほのぼの明の屠蘇袋　　（七番日記）

この袋は紅絹または白絹を、三角形に縫って作る。「屠蘇」は今日では儀式化したが、元来は身近な材料で病気を予防するという知恵が秘められていた。

16　綯い初め

正月の儀式の一つとして、縄を一把だけ綯う（なう）行事である。これを綯い初め（なぞめ）といい、二日に荷縄や牛馬用の縄を作った。また神事用の縄を六筋だけ神棚に上げたり、お綱、勧請縄などという、太めのしめ縄を作って掛ける地方もある。縄は農事ばかりではなく、漁業用にも作られる。縄の綯い方には右縄と左縄の二種類、また縄の種類には細縄、中縄、太縄の三種類がある。

17 縫初め

昔は正月二日を縫初めの日と定め、初めて針を持ち、主として袋物を縫った。

縫初めの十かさねけり糠袋　長谷川かな女
縫初め絹糸紅し張り鳴らす　岡本圭岳

針仕事の一種に刺子（さしこ）というのがある。これは厚手の綿布を重ね合わせて、一つ面に細かく刺し縫いをしたものである。津軽地方ではこれをコギン（小衣）といい、精巧な美しい仕上がりのものである。福井県三国港付近では、船乗りや漁師たちは手のこんだ刺子を着た。その刺し方には三角刺し、丸刺し、廻し刺しなどがあった。着物の他にも前掛け、手甲（てっこう）、脚絆（きゃはん）などにも刺物をした。

また幼児の宮参り着には、さまざまな背守り（せも）が付けられるが、これも一種の刺子である。阿蘇地方では背縫いの際、男子のは雄針で、女児のは雌針で十二針縫いあらわす習慣があるという。

18　初髪結い

新年に初めて結い上げた髪を初髪という。

わが結ひし正月髪の妓と遇ひぬ　杉本美容子

初髪の初元結や締まりやう　松根東洋城

縫初め

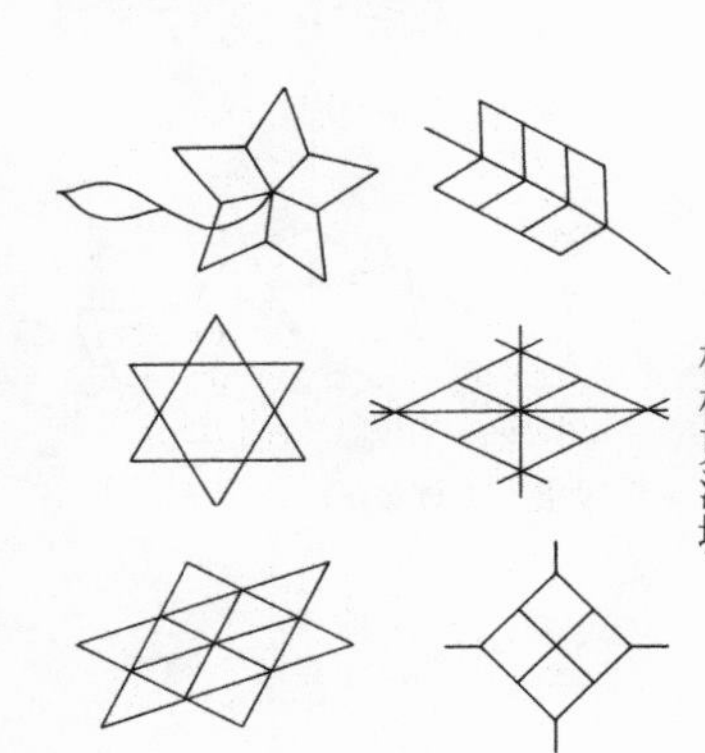

背守りの文様

元禄の玉結（たまむすび）

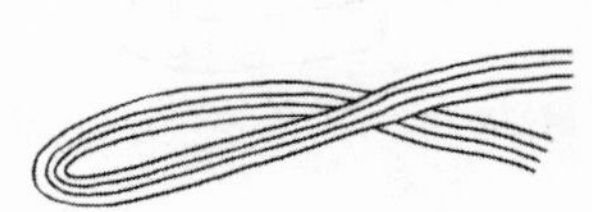
元結（もとゆい）

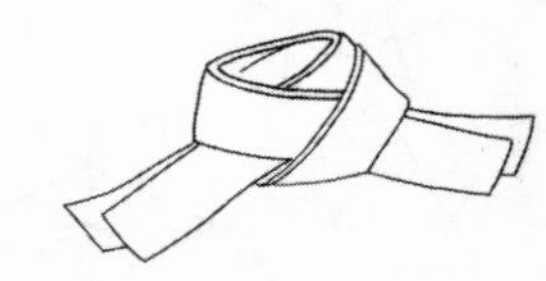
丈長（たけなが）

手束ねのわが初髪やつねのまま
わやわやと人の寄込むかみゆい屋
岡崎莉花女
（住吉みやげ）

江戸初期に出現した日本髪は、中期には一応完成した。年齢や職業、身分などによって髪型は決まるので、髪型を見るとその人の生き方のすべてがわかる。当時の髪型の基本形といわれたものは、遊女の兵庫髷（わげ）、武家奥方の勝山（かつやま）髷、町方女性の島田髷であった。

「わげ」は「むすび」ともいわれた。元禄時代に流行した「玉結び」という結び方は、髪を背に垂らしその末端を折り返して輪としたものである。また「結綿」という結び方は、島田の髷の部分を幅広く結い、その中央を絞縮緬で結んだもので、未婚の女性の髪型である。

髪結いに大きな役割を果たしたのは、櫛、簪と元結いであった。髪の髻を結び束ねる糸のことを元結いといい、古くは組糸または麻糸を用いたが、後世になると糊で固く捻って作った紙縒りを用いた。

元結いの色が和紙の地を生かした白が多かったのは、黒い髪は女性の魂であり、白い紙は神に奉仕する幣であったからである。のちには赤の鳥の子紙や紅白の水引元結いが現れた。丈長というのは、奉書紙の類を細長く切って平らに畳み、元結いの上に装飾用として結んだものである。

19　箸包み

新年の食膳に用いる白木の箸で、これは柳で多く作られる。両端を細くし、真ん中が太く削ってあるのを太箸という。太箸が喜ばれる理由は、武家では箸が折れるのは、落馬の前兆として忌むからであるし、柳で作るのは、折れ難い材質からとされる。二本揃えて、箸紙・箸包みに包んで出すのがふつうである。地方では、十五日の粥を食べるために太箸を作る所が多い。

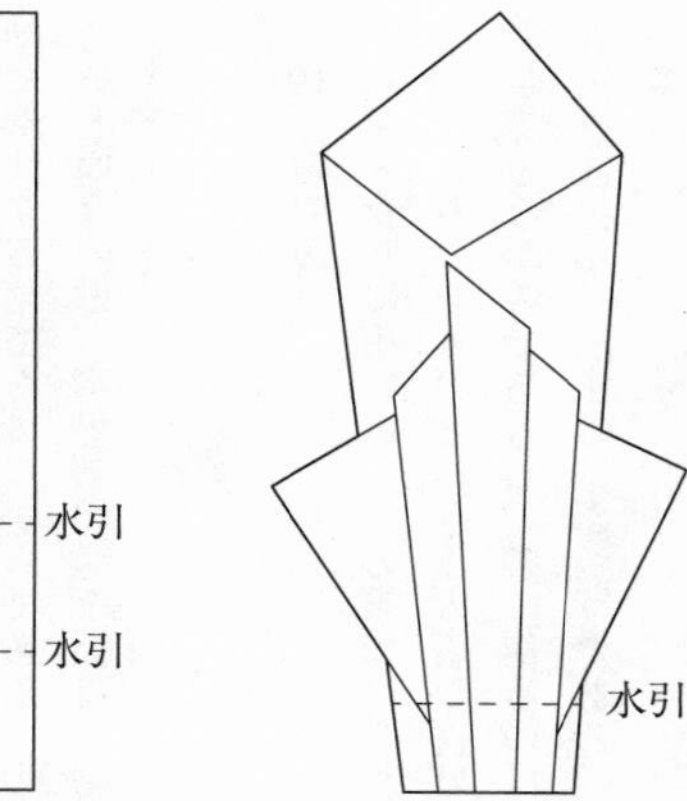

小笠原流箸包み　小笠原流杉箸包み

箸紙の名の墨色が濃かりけり　榎本冬一郎

20 常陸帯の神事

常陸（ひたち）国（茨城県）鹿島神宮の祭礼の時に行われる帯占いである。正月十一日の神事を常陸帯の神事といい、男女が布の帯に意中の人の名前を書いて神前に納めておくと、神官がこの先を結んで縁を定めたとも、また女性に懸想人が多くいる時、帯に男たちの名を書き、一つには自分の名を書いてまとめて神前に置く。禰宜（ねぎ）は祝詞（のりと）の後に帯を折り返し、名を隠して端を結ぶ。その名が密着した男を夫に定めるという。

『古今和歌六帖』にはこの神事を詠み込んだ歌を収めているので、十世紀頃には都の人々にも知られていたようである。嘉暦元年（一三二六年）撰進の『続後拾遺和歌集』には、「結びおく契朽ちずば常陸帯の　また廻り逢ふ末や待たまし」を収めている。後世になると肥立帯の意にかけて、鹿島神宮から常陸帯の安産のお守りを授かるようになった。

仮りにだに我名しるせよ常陸帯　　松瀬青々
引合ふた恋人うれし常陸帯　　（車蓋）
神頼むことのよろしき常陸帯　　岩谷山梔子
常陸帯のまつりの輿やいくめくり　　（破扇子）

「むすび」の語源は「産霊」であり、天地万物を生み、成長させる霊妙な力のことである。

21　宝引縄

福引きの一種で、室町時代から江戸時代にかけて流行した新年の遊戯である。もとは一種の年占いで、数本の長い糸を束ね、襖や障子越しに一本ずつ引かせ、その緒の端につけた賞品を引き当てさせたもので、今日の福引きの原型といえよう。

辻宝引〈『絵本世都濃登記』〉

貧乏神宝引縄の注連もなし　言水
宝引のかはる趣向もなかりけり　高浜虚子
宝引の味方にまゐるおとなかな　召波
宝引の宵は過つゝあはぬ恋　几董

辻宝引とは宝引銭という金を支払ってする宝引のことであり、飴宝引とは子供相手の飴売りが宝引の方法で行ったものである。松の内には、辻宝引が路傍の空地などに現れた。これは数十本の細い縄の一本だけに橙を結び付けておき、それを引き当てた人に菓子などを与える籤引きである。「さござい さござい」と呼び声をかけて、子供たちを多く集めたようである。

瀬川如皐の随筆『世のすがた』（天保四年＝一八三三年跋）には、「辻宝引とて寛政の初めまでは元日より中旬ごろまで、辻町にて麻縄長さ三尺ばかりなるを数十本よせ、元をくくりて其内一すじに橙を結び付け、（中略）其縄に当りたるを勝として、錦絵、かんざし、双六、鞠の類、その他種々の品をとらす」と記している。

宝引はどうか柳にまりのよう　（川柳評万句合）

22　万歳と鼓

正月松の内に家々を訪れ、祝言を述べる門付けの一種である。主役の万歳太夫と、脇役で鼓を打つ才蔵の二人一組で各戸を回り、節付き賀詞を述べ、立舞いをし、歌をうたって、米や銭をもらう。

万歳の烏帽子さげ行く夕日かな　闌更
無造作に万歳楽の鼓かな　正岡子規

万歳

歳末には江戸橋広小路（東京都中央区）に、才蔵市というのが立った。三河（みかわ）から来た万歳の太夫が、自分の相手に適当な才蔵（三河万歳の相手をする滑稽な役の者）を選ぶもので、これは路上で行われた才蔵コンクールのようなものであった。これら才蔵候補者には、房州者が多かったという。

ポンとした面が才蔵市で売れ　（柳多留）

前頁図に示すものは、万歳が舞台芸化したものの例である。これは後の漫才の原型であろう。鼓は胴の両端に皮を張りつけ、調べの緒を皮のぐるりに通し胴でかがりしめ、左手で緒をしめたり緩めたりして調子をとり、右手で打ち鳴らす。

23　結び柳

茶道で正月や初釜の際の床飾りに用いられ、床の釘にかけた青竹の花入れから、長く垂らして生ける。柳の枝は長いものほど喜ばれ、二〜三間（約三〜五メートル）に及ぶものを二、三本束ね、中間で一つ輪にして結び、残りを長く垂らし、一陽来福を祝う心を表したものである。

むすび柳豊かに揺れて点(た)てすすむ　長谷川久子

中国の民間の年中行事を記した最古の書物といわれる『荊楚歳時記(けいそさいじき)』（六世紀）には、「正月十五日……先づ楊枝をもって門に挿み、楊枝の指す所に随い、仍て酒脯飲食す」と記している。酒脯とは酒と干した肉である。

青竹の花筒には水を入れないことになっているが、これは柳から水がたれないためである。

24　大黒天と布袋

正月の元旦から七日までに、一年の福運を祈るために、七福神を祀った社寺を巡拝する習慣がある。七福神とは、恵比須、大黒天、毘沙門天、弁財天、布袋、福禄寿、寿老人の総称である。正月二日の夜、七福神を一緒に帆掛け船にのせた「宝船」の絵を枕の下に敷いて寝ると、吉夢を見るといわれている。

ここでは大黒天の有徳、布袋の大量に焦点をあてて記しておこう。

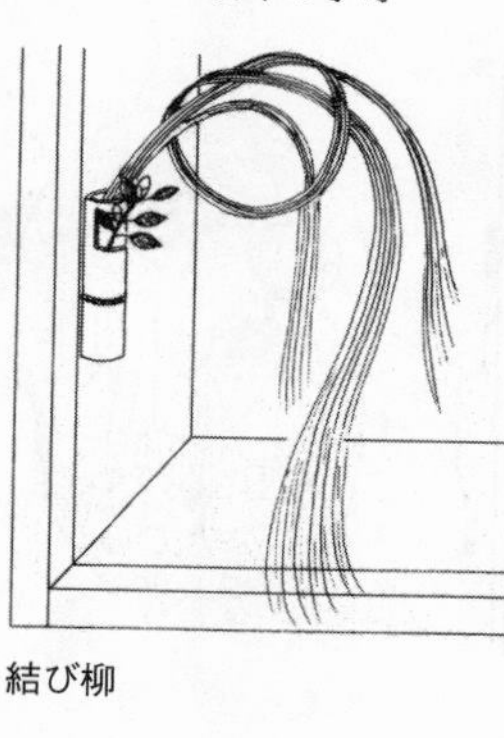
結び柳

大黒天　インドの神で破壊と死の神の化身とされており、中国ではこの神を食厨の神として寺に祀る。

大黒天

布袋

日本ではこれを受けて、寺の庫裏(くり)に神王のかたちで袋を持つ像を安置する風習が生じた。そして福徳や財宝を与える神とされ、その像は狩衣(かりぎぬ)のような服を着て、丸く低い、括頭巾(くくりずきん)を被り、左肩に大きな袋を背負い、右手に打ち出の小槌を持ち、米俵の上にいる。大国主命(おおくにぬしのみこと)と関連づけて、甲子(かっし)の日をその祭日とし、二股大根を供える習慣がある。

布袋　中国、後梁(りょう)の禅僧で十世紀の人。腹の肥えた身体に、杖を持ち、日用品を入れた袋を担って、町の中を歩き、吉凶や天候を占ったという。布袋を信仰すれば、子宝に恵まれ、大人物になれるという。

三　春の季寄

はじめに

春は花の季節である。花は桜花に象徴され、散る時のいさぎよさが人々から惜しまれる。春の語源は「発」または「張る」であり、万物の発生の時を表している。

旧暦の上では立春（二月五日頃）から立夏（五月五日頃）までであり、新暦では三月から五月に当たる。寒い内に春の情趣をとらえているのであり、来るべき陽春の吉兆を感じさせる。

折釘に烏帽子かけたり春の宿　　蕪村

春の町帯のごとくに坂を垂れ　　富安風生

中国における「春」の二十四節気、七十二候では、

立春（前掲）

雨水（前掲）

啓蟄（けいちつ）（冬ごもりの虫が土中からはい出ること）

　桃はじめて花咲く

　雲雀（ひばり）鳴く

　鷹化（か）して鳩となる

春分

　燕至る

　雷すなわち声を発す

　はじめて雷（いなびかり）す

清明

　桐はじめて花咲く

　田鼠（もぐら）化してうずらとなる

　虹はじめて見ゆ

穀雨

浮き草はじめて生ず
鳩その羽を払う
戴勝（鳥の名）桑に降る

となっていて、これらは季語として用いられる。

1　梅若忌

陰暦の三月十五日は、謡曲「隅田川」（相阿弥作）の中の人物、梅若丸の忌日に当たる。それは次のような話である。

愛児の梅若丸を人買いにさらわれた女は、京の都から東国まで我が子を探して旅を続けてきた。身も心も引きさかれた女は、隅田川の水面を飛ぶ鳥の名を船頭に尋ねる。それは昔、在原業平が詠んだ都鳥であった。女が旅人たちと隅田川の渡し舟に乗ると、船頭が舟をこぎながら人々に語り出す。

去年のちょうど今頃、病気の少年を連れた人買いがこの里にやって来た。きっと足手まといになったのだろう、人買いはその少年を置き去りにした。里人が名を聞くと、少年は梅若丸と答え、間もなく息を引きとった。里人たちは哀れんで川のほとりに塚を建

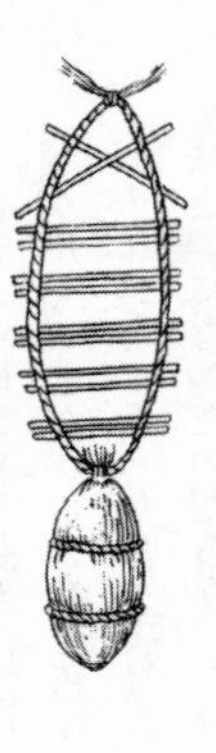
鳥取県大和村（現・鳥取市）

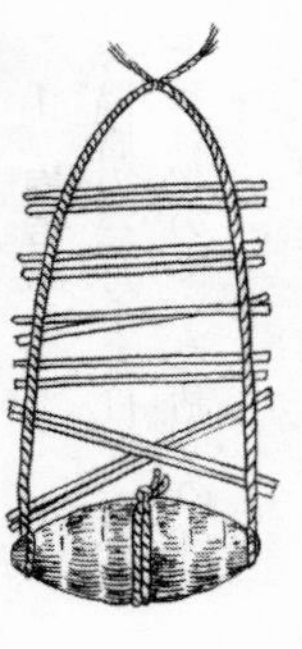
鳥取県小鴨村（現・倉吉市）

鳥取県岡成村（現・米子市）

梅若ごとの箸と苞

て弔ってやったのだが……。まさにそれこそ女の探し求める我が子であった。船頭は梅若丸の塚に女を案内する。塚をだいて泣く母親に、少年のまぼろしが現れ、声が聞こえた。母親が近寄ろうとすると、まぼろしは消える。子のまぼろしと見えたのは、塚の上に生えていた草であった……。

現在、隅田川河畔の木母寺に梅若丸の塚がある。

語り伝へ謡ひ伝へて梅若忌　　高浜虚子
いつの世も母は淋しや梅若忌　　梅沢与志子

福島県白河市では、梅若忌の行事として番場踊りをする。鹿島小路で踊り始め、それが次第に広まったという。庭の中央に四、五尺（約一二一～一五一センチ）の桶を置いて水を満たし、その中に梅の咲いた枝を立て、木で作った容器を逆さに浮かべて、杓子でこれを叩きながら音頭をとって踊る。桶をめぐって、唄の進むにつれて、さまざまな帯を襷として肩を露にして踊る。

他の地方でも三月十五日をコト（節）の日とし、病送りの行事をする地は多い。中国地方ではコトオイマツリといって、その日用いる箸を編み、ダンゴを入れた藁苞に結わえ付けて、それを木の枝に掛け、または屋根の上に投げ上げる習わしがある。

手すさびに結ぶ柳や梅若忌　　妙子

2　事始め（事八日）

江戸地方では陰暦の二月八日は一年中の祭事、農事を始める日のことで、十二月八日の事納めに対するものである。この日は高い竿を屋外に立て、その先に笊や目籠を付けたり、ニラやトウガラシをいぶして魔除けにした。

いささかの塵もめでたや事始　　森川暁水

ところが地方によっては、十二月八日を事始めの日と定めている地もある。京の事始めは十二月八日で、事始めの餅は師走の十三日に届けられるが、これは十三という陽数を祝うともいわれる。主家へ鏡餅を持って挨拶に行く習わしがあり、芸事を習う者も師匠の家へ鏡餅を納めて一年間の礼を述べる。屋外に立てる竿の上に籠や笊を付けるのは、どのようなまじないであろうか。穴の多くあるものは、悪魔がどの穴から入ってよいか迷うために、魔除けの呪符(じゅふ)として用いられる。

籠や笊の編み方の標準形は「かごめ」であり、それを象徴化したのが籠目印である。この図形は正三角形を二つ上下逆にして重ね合わせたようにも見えるし、また内側だけに注目す

事始め〈『温古年中行事』〉

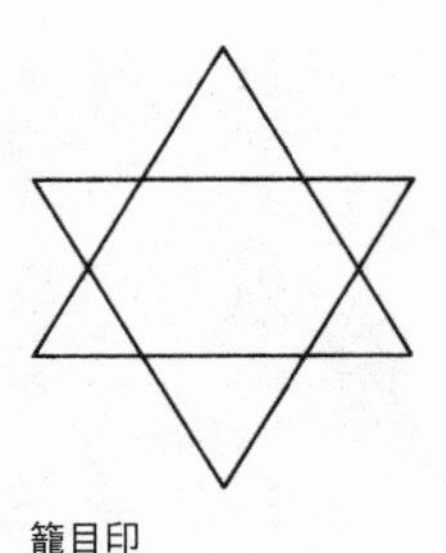

籠目印

れば六辺形とも見られる。

3　桜餅

糝粉またはうどん粉で作った薄い焼き皮に、淡い味の餡を包み、その両面に桜の葉を押し当ててあるが、元は蒸したものである。皮は白いものと、うす紅に色づけたものの二通りがあるが、葉は塩漬けにして保存しておいたものを使う。好きな人は、この葉までも食べてしまう。昔から向島の長命寺門前の店で売るものが名高く、風流な竹編みの籠に入れてある。京阪では道明寺糒を蒸し、それで餡を包む。

しつとりと葉の濡れてをり桜餅　　下田実花
葉ごと食べよと桜餅食べる人　　鷹羽狩行
梅若の詫言の手がさくら餅　　（柳多留）

4　凧

凧揚げは紙鳶ともいい、昔から行われているが、元来は村と村との競技で、相手の糸に絡ませて切り合う凧合戦が始まりである。東京や大阪のように、凧を正月に揚げる地方、四

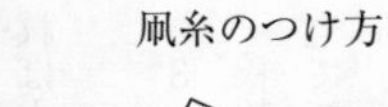

凧糸のつけ方

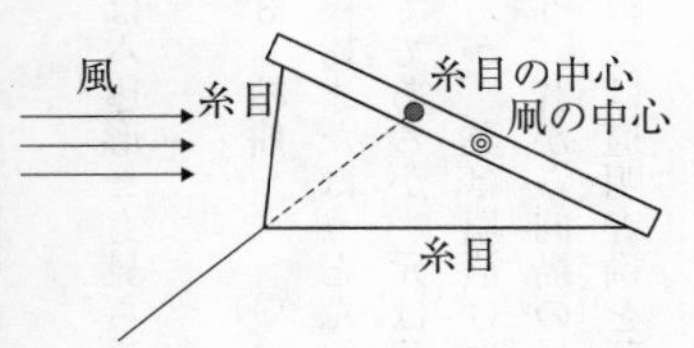

張り糸の結び

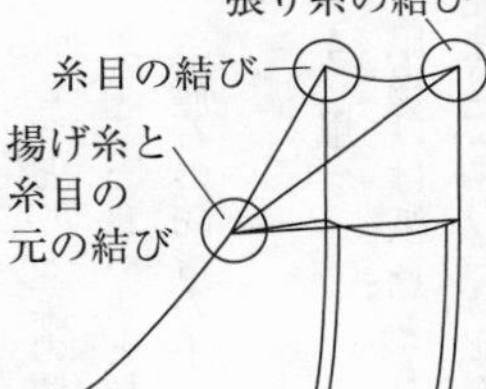

揚げ糸の結び方

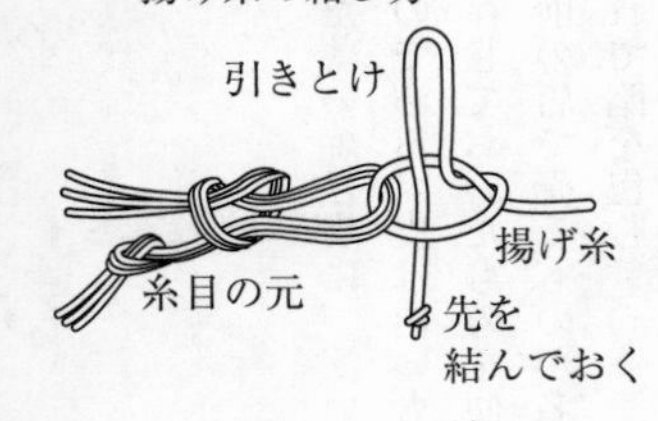

小さな凧の糸目の結び方

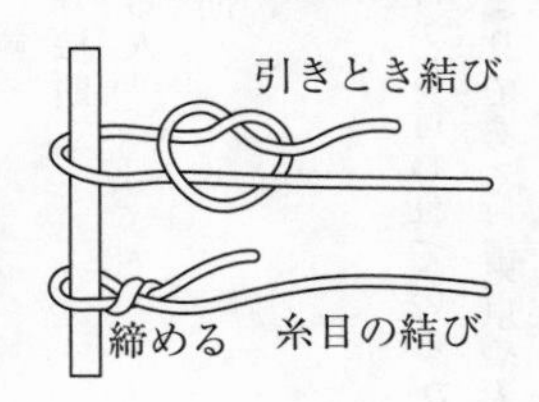

張り糸の結び（裏側）

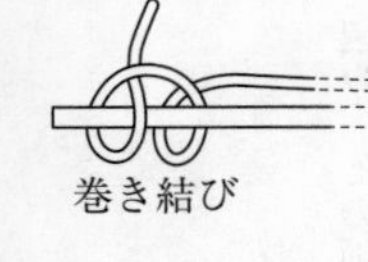

月に揚げる長崎、五月に揚げる浜松などいろいろであるが、春風のある所に凧は揚がる。凧の種類は多く、唸り凧や大凧などもある。

凧(いかのぼり)百間の糸を上りけり　河東碧梧桐
唐寺の上にて凧の切り結ぶ　下村ひろし

凧糸には一般に三本縒(よ)りの糸が用いられる。材質としては小さい凧には木綿糸、大きい凧には麻糸、強度に優れたナイロン糸などが使われる。糸目の結び方は、そのバランスを調節しやすいようにしなければならない。そのために糸目と骨の結び目、糸目のもとの結び目はすぐ解けるように結ぶ。また揚げ糸は引けば締まり、はずす時はすぐ解けるようにする。その端には結びこぶを作る。

5　新茶

「夏も近づく八十八夜（立春から八十八日目で、陽暦の五月一、二日頃に当たる）」という歌のように、初夏の頃に摘んで作った今年初めての茶をいう。その香りが新鮮であるから珍重される。茶は太陽の直射が強いと香りが失せるから、霧の深い、水辺に近い所にできたも

宇治の製茶〈『日本山海名物図会』〉

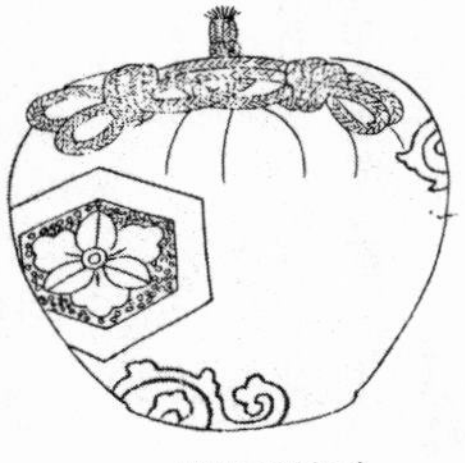
横封じ結び

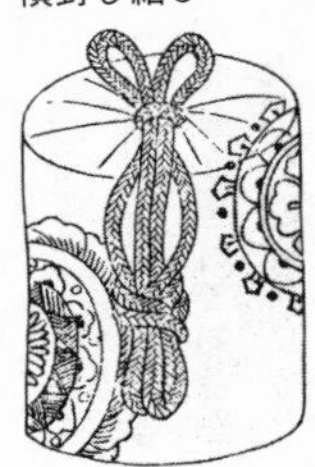
縦封じ結び

どが有名である。

のが良いとされる。宇治、静岡、近江(おうみ)、八女(やめ)（福岡県）、嬉野(うれしの)（佐賀県）、狭山(さやま)（埼玉県）な

新茶汲みたやすく母を喜ばす　殿村菟絲子

壺一つのりたる棚の新茶かな　阿波野青畝

江戸時代、幕府からは毎年四、五月頃に宇治に使者がたち、茶を茶壺に入れて、江戸まで送らせた。そのために、使者は立春から百日後に江戸から東海道経由で宇治に下り、御物茶師の上林家で茶詰めをし、同時に禁裡(きんり)（宮中）へも献上、帰路は中山道(なかせんどう)を経て土用の二日前

に江戸に到着する習わしであった。この行事の終わるまで、新茶の発売は禁止された。

将軍家および各藩の茶道役は、主君が毒殺されるのを防ぐために気を遣い、茶の中に毒を混ぜられるのを防ぐため、「封じ結び」といって自分だけが知っている独特の結びの発展をみせた。茶入袋の封じ結びは、教えることも習うこともない「幻の結び」と呼ばれていた。しかし茶道が民間のものになるにつれ、「幻の結び」は伝説となり、仕服の結びは装飾化されていった。

6　針供養

針供養

針を使うのを忌み慎しむ日で、関東では二月八日、関西や九州では十二月八日である。この日は針仕事を休み感謝すると共に、一年中に使った針の折れたのを豆腐や蒟蒻に刺して、川に流したりする。地方によっては、淡島神社に納めるなどして供養する。この日は前にのべた事始め（事八日）と同日に当たっているのである。

糸竹のいとまのお針針供養　富安風生
風花に濡れきし髪や針供養　西島麦南

『万葉集』に「針袋」という言葉が多く詠まれているところを見ると、昔はこの袋を身に帯びていたのかもしれない。

結び三つ葉（1）

結び三つ葉（2）

7　三つ葉

三つ葉は香気の高い春の野菜であり、白い三つ葉は浸し物や吸い物に用いて好まれる。それには三つ葉を二、三本束にして、茎を片結びにして椀妻に用いられる。この結び三つ葉は、長い茎の先に三枚の葉が集まっている。「縁を結ぶ」の意に通じて慶事に好まれる。

夕風をかをらせみつば摘んでをり　宗像夕野火
幼妻なりし根三ツ葉また匂ふ　黒川路子

四　夏の季寄（きよせ）

はじめに

夏は最も暑い季節であり、夏の語源も「暑（あつ）」であろう。夏を代表する花といえば、牡丹、バラ、百合の花もあるが、とくに桔梗（ききょう）を夏の代表に推す人もいる。香道志野流では、桔梗を八月（旧暦）の花と決めている。

夏とは旧暦の上では立夏（五月五日頃）から立秋（八月八日頃）までをいい、新暦では六月から八月に当たる。この期間は動植物が活動繁茂するので、観察を細かくするために、初夏、仲夏、晩夏と分ける。六月の声を聞くと、各地で疫病除けの天王祭が続く。

淀舟や夏の今来る山かづら　鬼貫
はやり来る羽織みじかき卯月かな　北枝

中国における「夏」の二十四節気、七十二候では、

立夏
　螻蛄(けら)鳴く
　蚯蚓(みみず)出ず
　烏瓜(からすうり)生ず

小満
　若菜秀ず
　なずな死す
　麦秋いたる

芒種(ぼうしゅ)
　かまきり生まる
　百舌(もず)はじめて鳴く
　百舌声なし

夏至
　鹿の角落つ

蟬はじめて鳴く
半夏（夏至から数えて十一日目）生ず

小暑
はじめて温風いたる
こおろぎ壁に居る
鷹はじめて獲る

大暑
腐草蛍となる
土潤ってあつし
大雨時にいたる

となっており、これらは季語に用いられる。

『後撰和歌集』（天暦五年＝九五一年撰）巻四、夏の詞書には、桂内親王に「蛍を捕らえておくれ」と命じられた男童が、薄い夏の上衣の袖に蛍を包み、「つつめども隠れぬものは夏虫の　身よりあまれる思ひなりけり」という恋歌とともに献上したとある。この歌は、包んでみても包みきれないものは夏虫（蛍）の身から余って発するあの火のような私の思いです、という意味である。

1　青簾

軒や縁先に掛けて夏日を防いだり、開け放った部屋の見通しを遮るのに用いる。昔は牛車に掛ける、青竹で編んだ簾(すだれ)をいった。青竹を細く割って作った簾は美しい。種類には葦簾(よしず)、絵などをあしらった絵簾などがある。

世の中を美しと見し簾かな　泰
簾吊れば現世たちまち隔絶す　遷子
簾して涼しや宿のはいりぐち　荷兮

『源氏物語』には「人と相乗りて、すだれをだにあけ給はぬを、心やましうおもう人おほかり」と記している。牛車や神輿の物見に掛ける小型の簾のことを「こすだれ」と呼んでいる。簾を掛けると内側から外はよく見えるが、外側から内は見えないという便利なものであり、内と外を隔てる代表的な調度といえる。

2　菖蒲打ちと菖蒲の枕

菖蒲打ちは端午の節句の日に菖蒲を束にしたもので地を叩いて大きな音を出すのを楽しむ子供の遊びである。喜田村信節の随筆『嬉遊笑覧』（文政十三年＝一八三〇年序）には、「享保の頃までは、所々の広小路に子供が集って、菖蒲で太い三つ打ちの縄をこしらえ、往来の子供にしゃがめ〳〵といって下座をさせ、下座をしないものは叩いたりしたものだが、今はこの習俗も絶えた」と記している。

菖蒲打〈清長画『風流十二気候』さつき〉

御城下やここの辻にも菖蒲打　渡辺水巴

君が代や印地すたれてあやめ打　保吉

菖蒲は香気が強いので、邪気を払うとされる。また根は四、五尺（約一二一〜一五〇センチ）に及ぶ長さなので、長命を願う印とされる。軒や車にさしたり、酒に浸したり、湯に入れたりする。

「菖蒲の枕」というのは、枕の下に敷く菖蒲の束のことである。平安初期には、端午の節句に宮中の武徳殿で騎射が行われ、中務と宮内の二省から菖蒲が献ぜられ饗宴があった。一方、皇太子以下群官に薬玉を賜って、皆これを右肩から左腋に垂れ、その緒を腰に結ぶという風俗があった。後世には、この菖蒲や薬玉が五月五日の節日の中心の行事となり、近世では菖蒲枕献上の儀や、菖蒲を御殿の屋根に葺くことなどが行われた。

菖蒲枕は、菖蒲を五、六寸（約一七、八センチ）ぐらいの長さに切って十本ぐらいを紙縒りで結び、これに蓬を差してでき上がる。これをさらに菖蒲包みの内に入れて献上する。五月五日の夜、菖蒲を枕の下に敷いて寝ると邪気を払うという。

あやめかけて草にやつれし枕かな　　暁台
きぬ〴〵にとくる菖蒲の枕かな　　松瀬青々

「きぬぎぬ」とは、男女が共寝をして過ごした翌朝の別れのことで、転じて別々になることである。

3　葵祭り

現在五月十五日（旧暦の四月の中の酉の日）に、京都上賀茂神社と下賀茂神社で行われる例祭である。この祭りは、京都の三大祭りの一つといわれる。

　葵祭りの名の起こりは、祭りの当日に御所車、斎宮（皇女）を中心に、勅使、供奉者の衣冠、牛車の簾などに葵蘰を挿したからである。その意味は、強い生命力を秘めている葵蘰を身体に付けることによって、自分の生命の衰えを防ぎ、再生を願ったものであろう。そしてこれは、後の「花結び」の原型と考えられる。葵と桂の葉を組み合わせたものを諸蘰と

葵蘰〈『年中行事絵巻』〉

葵祭りの牛車（京都・上賀茂神社）

いった。当日、牛車を牽く牛の前額部は美しい飾り結びで飾られ、平安時代の風俗そのままの優雅な装束をした六百人の行列の静かな動きは、王朝絵巻を眼の当たりに見る思いがする。

牛の嗅ぐ舎人（とねり）が髪や葵草　蝶夢
白髪にかけてもそよぐ葵かな　一茶
牛の眼のかくるゝばかり懸葵（かけあおい）　粟津松彩子

4　鵜縄

飼い馴らした鵜（う）を使って鮎を獲ることで、岐阜県の長良川は最も有名である。現在毎年五月十一日に始まり十月十二日まで、満月の前後数日を除いて毎夜行われる。鵜匠は一度に十二羽を使い、鵜縄を巧みにさばいて乱れず、縄を引いて呑んだ鮎を吐かせ、再び水中に追いやる。

鵜川を最初に詠んだのは源俊頼（平安後期の歌人、『金葉和歌集』を撰進）であろう。その「家集」に「大丈夫が鵜河の瀬々に鮎とると　引くらし縄のたえずもあるかな」の一首を収めている。

鵜の首および胸にかけて二本の細い縄で縛り、さらにこの苧縄（おなわ）に二尋半（ひろ）（約四・五メートル）の縄を結び付け、鵜匠はこの手縄を持って鵜を使う。縄は檜の板をさいて綯（な）ったもので、ふつうの引っ張りには強いが逆（左方向）に捻ると簡単に切れる性質がある。万一にも縄がもつれて鵜が混乱した場合には、直ちに逆に捻って切るのである。材料の檜は富山県東礪波郡井波町（現・南砺市）のものが良いとされている。

鵜飼は船上から水中の鵜を操る漁法だけではない。渓流での鵜飼いは徒歩遣いによった。一、二羽の鵜を縄で操りつつ流れを遡るもので、数人が一団で行うことが多い。

声かけて鵜縄をさばく早瀬かな　　涼菟
おもしろうてやがてかなしき鵜舟かな　　芭蕉

鵜飼〈『木曽路名所図会』〉

5　団扇

暑さしのぎに風を起こすために使うが、蚊や蠅を追うのにも用いる。渋団扇（しぶうちわ）は火をおこしたり、魚を焼く火を扇いだりするのに用いる。

団扇売り〈『風俗画報』〉

丸に団扇

桑名団扇

米津団扇

並び団扇

団扇の紋所

かやの中団扇しきりに動きけり　　杉田久女
暫くは暑き風来る団扇かな　　星野立子

ほかに武将が部下を指揮するのに用いた軍扇や、相撲の行司が勝負の決定を示すのに用いた軍配団扇などがある。また団扇を図案化した紋所には、「丸に団扇」「桑名団扇」「米津団扇」「並び団扇」「唐団扇」などがある。江戸時代には行商の団扇売りがおり、これはたくさんの団扇を二本の篠(しの)に挟んで、初夏に売り歩いていた。

せみ鳴くや木のぼりしたるうちわ売り　其角

うちわ売り少しあふいで出して見せ　（柳多留）

奈良の唐招提寺で毎年五月十九日に行われる「うちわまき」は有名である。これは唐招提寺中興の覚盛(かくしょう)上人の徳を偲ぶ法要で、梵網会(ぼんもうえ)という。当日は堂の中央に覚盛の画を掲げ、堂内に各地から奉納された有名人の署名入り団扇を飾る。法要のあと、中庭で除厄の団扇まきが鼓楼(ころう)から行われる。この団扇を拾って持っていると、雷難を免れ、婦女は安産、一家は火災を免れるという。

6　扇子

扇は古くから、舞や儀式には欠かせないものである。昔は檜扇(ひおうぎ)という板の扇が用いられていたが、蝙蝠(こうもり)の羽を参考にして、今日の折り畳み式の扇が作られた。開いた時の姿が末広がりなので、「末広」とも呼ばれる。作り方は竹、鉄などの数本の骨に、紙や絹布などを張る。扇面に図柄や和歌が書きこまれて鑑賞の対象とされたり、神仏へ献上されたりした。また

扇子の紋所

秋田扇

違い扇

日の丸扇

浅野扇

扇菱

檜扇

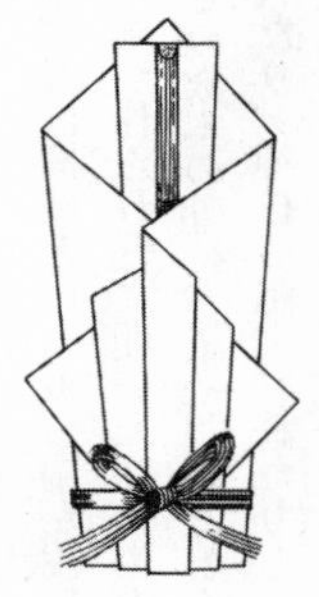
扇子包み
（小笠原流）

扇子（せんす）を図案にして多くの家紋が作られた。

ぱりぱりと押し披（ひら）かるる初扇　　下村梅子

富士の風や扇にのせて江戸土産　　芭蕉

「扇子を畳む」というが、畳むことによって場所を縮小する便利さがある。我が国には扇子のほかに、屏風や提灯（ちょうちん）なども畳む形式である。

旧暦の六月の頃には、地紙売りという行商がやってきた。これは扇子を張る地紙を売る商売であるが、気に入った地紙の選定がすむと、すぐそれを折って扇子に仕立ててくれた。

地紙売り油壺から出て歩き　（柳多留）

呼ばれると手拭をとる地紙売り　川傍柳

この地紙売りは油壺から出たような艶々として美しく、のっぺりとした優男が多かったのであろう。

人に贈る扇子の包み方は礼法で定められていた。

7　蚊帳

蚊帳（かや）は夏の風物誌であった。蚊が入るのを防ぐために、麻などで四角形や長方形の空間を作り、釣手を部屋の四隅に掛けた紐と結んで吊る。ふつうは萌黄（もえぎ）色に染めて、赤い縁布を付けた。

九州や沖縄では、葬式やお産の時に蚊帳の中に入る風習があり、これは悪霊を防ぐためという。また雷の時に蚊帳の中に入るという風習があり、これは落雷した雷が柱を伝って地下

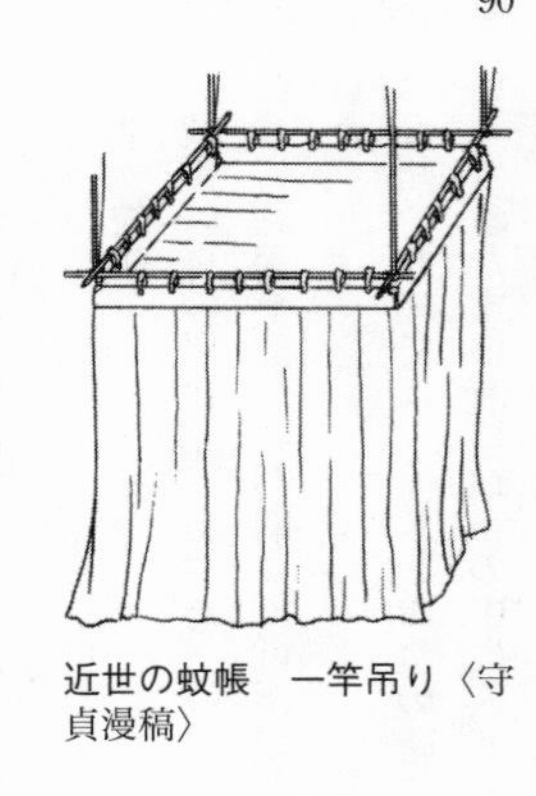

近世の蚊帳　一竿吊り〈守貞漫稿〉

に入るので、感電しにくい場所を選ぶためである。

蚊帳の産地は昔から、近江（おうみ）や奈良地方が有名である。

近江蚊帳汗やさざ波夜の床　芭蕉
蚊の入りし声一筋や蚊帳の中　高浜虚子
起きてみつ寝てみつかやの広さかな　加賀千代
蚊帳くぐる女は髪に罪ふかし　太祇
親と子の宿世（しゅくせ）かなしき蚊遣かな　久保田万太郎
雁金（かりがね）に結びし蚊帳のきのふけふ　清元

これらから見ると昔は、釣手を結ぶところに羽を広げた雁の形の金物があったらしい。朝起きると、必ず蚊帳を畳まないといけないがその畳み方には一定のルールがあり、八畳吊り、六畳吊り、四畳半吊りの畳み方を覚えるのに一苦労である。「畳む」ことは包むことの一変形である。

8　柏餅

粳（うるち）の粉を練って蒸籠（せいろ）で蒸し、それをちぎって小豆餡（あずきあん）か味噌餡を入れて柏の葉で包み、再び蒸した餅菓子である。端午の節句に粽（ちまき）と共に供える。柏は古来神聖な木とされ、樹木を守る葉守りの神もこの木に宿るといわれる。柏餅は男子の節句にふさわしいものとされ、江戸時代に普及した。

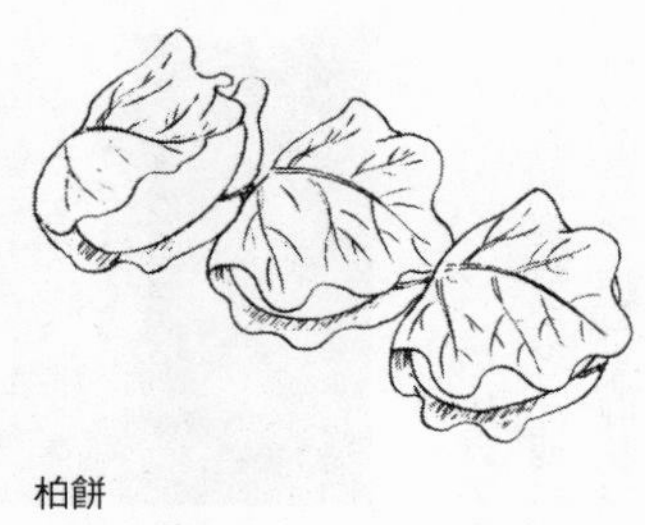

柏餅

たたみたる葉の起き上る柏餅　三河まさる
竹の皮ひとり解くるや槲（かしわ）餅　松瀬青々
柏餅古葉を出づる白さかな　水巴

柏餅は一枚の葉で包むことに決まっている。だから薄い掛けぶとんを折りたたんで、ごろ寝するのを「柏餅」と呼んだ。

9　祇園会

京都の八坂神社で、毎年七月十七日から二十四日に行われる祭礼である。平安時代初期に疫災をなだめるために祀られたもので、疫病退散のために、六メートル余の鉾を数十本立てて行

祭りの中の花結び（祇園祭り）

山鉾の組み立て

祇園会の長刀鉾

ったのが、今日の山鉾の起源である。七月十六日は宵山といって祭りの前夜で、粧いのなった各鉾が提灯などを連ね、これを見物する人で賑わう。氏子の家々では、宵飾りといって秘蔵の屏風を美しく飾りつけるので、屏風祭りともいう。十七日の神幸祭と二十四日の還幸祭とが、最も印象的である。

山鉾巡行には三十三基の山鉾が出回るが、車の周りを包む織物や飾り付けの豪華さは格別である。とくに山鉾の側面に垂れ下がった飾り結びは、揚巻結びを始めとして多種多様である。また祇園社から出している守り札には、「祇園の守り蝶」「祇園の守り桐」「祇園の守り菱」などがあり、これらも飾り結びの造形化であろう。鉾の稚児は氏子の中から選ばれる。その役目が決まると同時に、その家の中では食事の準備には家族と別の火を使うが、これを

で、鉾に上がっている女性もいる。

昔は祭りに女性はかかわることができないといわれていたが、今日ではそうでもないよう

別火（べっか）という。

地におろす綱も息づき鉾憩ふ　皆吉爽雨
洛中のいづこにゐても祇園囃子（ばやし）　山口誓子
月鉾や児（ちご）の額の薄粧（うすけはひ）　曽良
宵山やめぐらす家の紋どころ　戸板康二

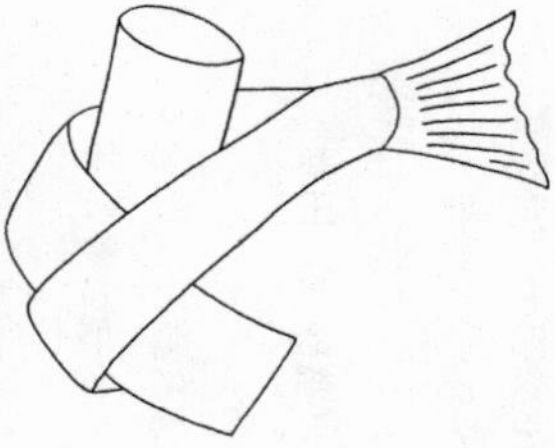

10　鱚

鱚（きす）は内海で獲れる魚で、体長は二〇センチぐらい、細長い円筒形をしている。黄色味を帯びた薄青色をしており、磯の浅い所で体をひらめかして泳ぐ姿は涼感を呼ぶ。その淡白な味が好まれ、椀の種に用いられる。松葉おろしにした鱚を千代結びにする。これは「縁を結ぶ」の意に通じるので、縁起の良いものとして慶事に好まれる。

結び鱚

一片の蓼の葉あをし鱚にそへ　富安風生
夕潮の音白鱚に箸執らむ　瀧春一

11　薬玉（長命縷）

薬玉は古代中国から伝わった風習で、長命縷とはその漢国名である。宮廷では五月五日の節句に、邪気払いのために菊を艾に包んで網に入れたものに、五色の糸を垂れて飾りとした。菊は発汗と湿気を払う薬草である。
『枕草子』には次のように記している。

五月五日の節句には、邪気除けのために菖蒲で飾った刺し櫛を髪にさしたり、柳の枝をけずって作った簡をつけ、唐衣や汗衫には柳の形よい枝ぶりや長い根を濃淡のある組み紐で結びつけたりしている。青い紙に菖蒲の葉を細く巻いて結んだり、白い紙を菖蒲の白い根で結んだのも趣のあるものであるし、菖蒲のとても長い根が手紙の中に入っているのを見るのも味わい深い。

薬玉には柱や簾に掛けるものの他に、身に帯びるものもあった。身に帯びるとは、腕に掛けたり腰に帯びたりすることである。藤原師輔の『九条殿記』（十世紀中頃）には、男性用の薬玉について次のように記している。

先ず左脇に当て、一筋をもって右の肩より超し、一筋をもって左の脇より出す。しかして、相合わせて前に当てて結ぶ。二筋をもって革帯の上に当て、後ろより前に廻し、しかして右袖の下に結ぶ。但し二重の緒四筋は草の垂るるに随うなり。

この薬玉には四筋が垂れていて、右のように身体に結ばれたらしい。これで長命縷とか続命縷の名がついているわけがわかるようである。

玉の緒のそのしだり尾や長命縷　吉田冬葉
薬玉の房に結びし返歌かな　長谷川かな女
薬玉や五色の糸の香に匂ふ　嘯山

薬玉〈『貞丈雑記』〉

12　三社祭り

東京都浅草神社の祭礼であり、今日では五月十七日、十八日を含めそれに近い土曜、日曜を加えた期間に行われる。三社というのは、浅草観音を漁網(ぎょもう)で拾った漁師三人を祀っているからである。神輿渡御のほかに、舞台で古式の田楽も行われる。

第二次大戦後一番変わったのは、女性が神輿を担ぐようになったことである。当日は数千人の半被(はっぴ)や鉢巻き姿で賑わう。鉢巻きにはその長さ、幅、文様の違いや、結び方、結ぶ位置など、一人一人の工夫によって、それぞれ創意が感じられる。威勢のいい「捩(ね)じり鉢巻き」、いなせな「鍬形結(くわがた)び」、粋な「辰五郎結び」、それらに交じって下町娘の独特な結びは一つのファッションを作り出す。

三社祭りではどんな結び方がはやっているのであろう。仲見世の裏通りの手拭専門店「ふじ屋」の娘さんの話によると、「鍬形とか喧嘩鉢巻きが流行っているみたいですね。とくに髪の長い人は、喧嘩鉢巻きが好きみたい。髪が垂れるからかしら……」。

鉢巻きの文様は、それぞれの町内会で定められているらしい。元来は三社の祭神にちなんで漁網を文様化したものが多いということであるが、これは「三つ網」という。

結綿(ゆひわた)に花櫛に三社祭かな　　野村喜舟

いちはやき手花火の香や三社祭　　恩田秀子

もみにもむ三社みこしや蝶高し　　麦秀亭

13　代搔きと田植え

「代(しろ)」とは植代(うえしろ)すなわち田植えをする区画のことで、田に水を張り、肥料を土に混ぜ、田の底を均(なら)す作業である。牛や馬に鍬を引かせたり、田を押し均すために杁(えぶり)（木の股の先に板を付けたもの）を使う。

四天鉢巻き

権太鉢巻き

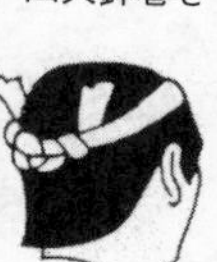
鍬形鉢巻き

向こう鉢巻き

喧嘩鉢巻き

後ろ鉢巻き

兎鉢巻き

捩じり鉢巻き

辰五郎鉢巻き

三社祭りの鉢巻き

代掻き（しろか）の日には、早乙女（さおとめ）たちが代掻きを褒めそやす田掻囃子（はやし）を唄って、田掻人や牛馬の気勢を上げた。代掻きが終わると代掻餅または苗代餅（なわしろ）といった餅を搗（つ）いて田の神を祀り、また

代掻きの図〈『大和耕作絵抄』〉

田植え〈『人倫訓蒙図彙』〉

田植えを手伝ってもらう家々に配った。

代馬（しろ）はほういほういと雨の中　渡辺敬月

田掻牛身を傾けて力出す　山口誓子

代馬は大きく津軽富士小さし　高浜虚子

中国山脈が走る鳥取、島根、広島、山口地方で行われる田植え行事に、花田植え（大田植えともいう）というものがある。それは先ず牛の代掻きから始められる。

頭に赤色の太い綿紐を花形に飾り、背には定紋を染めぬいた赤い旗を立て、背布団に金箔漆塗りの鞍を掛け、紅白の襷（たすき）に飾られた十数頭の花牛が勢揃いして田の中に乗り入れる。先頭を行く牛を胴頭と呼び、胴頭がしっかりしないと後に続く牛がもつれて動きがとれなくなる。

いろいろの鋤き方があり、「入り」から「上がり」まで整然と動く牛の姿は美事である。牛の回し方には、びょうぶ、さんくずし、小ぐらせめ、二がえだすき、けさ結び、鶴の巣ごもり、鶯の谷渡り、天の三つ星など何十種もの方法があり、その手綱（たづな）さばきの秘術が競われる。

田植えとは、苗代から稲の苗を水田に植えつける作業である。この時に歌われる田植え歌は神事歌に近く、田の神の由来を語り、またその神徳を称えている。中国地方の山間ではいろいろな楽器による囃子を入れ、苗を挿す動作に合わせて歌をうたう花田植えが有名である。「さんばい」と呼ばれる指導者の音頭で、華やかなお囃子、そして早乙女の衣裳の鮮やかな彩りは、花田植えと呼ばれるにふさわしい。

田植えの花形ともいえる早乙女たちは、この日のために衣裳一式を前から用意しておく。花田植えに参加する早乙女は、絣の浴衣に金紗のお太鼓帯、緑のモスリンの襷を背で結び、桃色のあご紐は縮緬を用い、繻子の手甲に脚絆を付けている。田植え歌は現在では中国山脈の一部に残るだけで、ほとんどが歌われなくなった。

それは以前の、田植え縄を左右に張って植えながら一段ずつ後退した植え方がなくなり、田植え定規で真っ直ぐに糸をひく正条植えが実行され、前進しながら植えるようになったことと、協同労働組織がなくなり家単位になったからである。

田植縄洗う流に解き流し　右城暮石
美しく結ひたる髪に田植笠　橋本鶏二
早乙女の口添え結ぶ手甲かな　森田芳子

14 襷

襷（たすき）は上代には、神に奉仕する者が物忌（い）みの印として、肩に掛けた。『万葉集』巻五に「白たへのたすきかけまそ鏡手に取もちて」の一首を収めている。後世、仕事をする時に着物の袖をたくし上げるために、両肩から両脇へ斜め十文字になるように掛けて結ぶ紐をいった。

田植え前になると「五月襷」といって、女子は赤、青、紫、中には縞（しま）の襷を準備した。——××さまに貰うた八色のたすき、いつか五月の代（しろ）かきに——五月襷は田植え祭りの日の装いであったといえる。祭りの日の神輿担ぎの縒（よ）り襷は、今日でも見ることができる。いずれも襷掛けが礼装であった古代の風習が、今日に生かされているのであろう。襷の掛け方には、両襷、片襷などいろいろある。

15 端午の節句と粽

「端」は初め、「午」は五の意で、月の五日のことである。

五月五日の端午の節句は、男の尚武的（しょうぶてき）な気性を養う日と思われている。日本では平安朝以来宮廷で中国の風習に倣い、五月の節句を行った。三月三日の桃の花に対して、菖蒲（あやめ）を節物

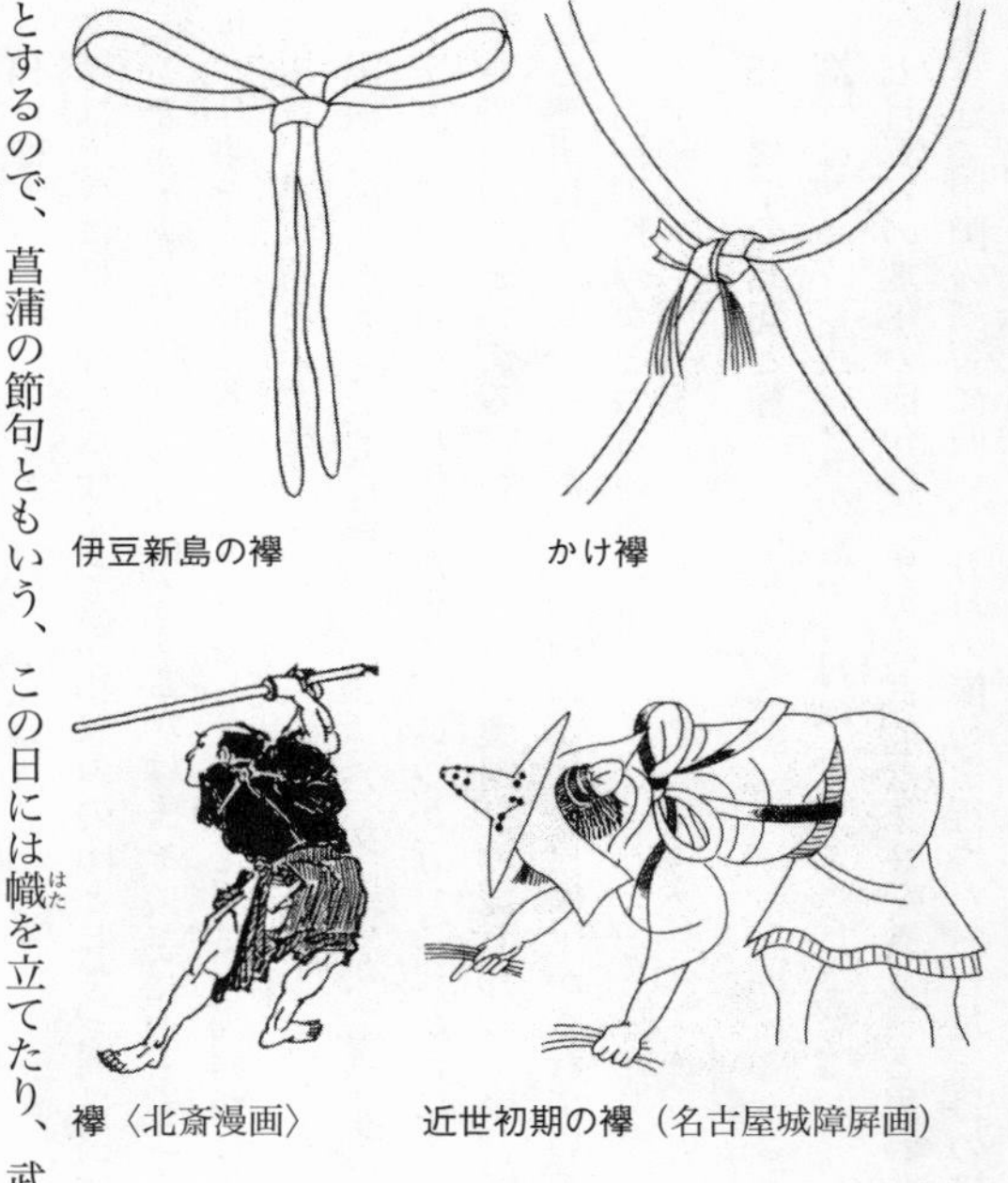

伊豆新島の襷　かけ襷

襷〈北斎漫画〉　近世初期の襷（名古屋城障屏画）

とするので、菖蒲の節句ともいう、この日には幟(はた)を立てたり、武者人形を飾ったりする。また柏餅や粽(ちまき)を食べる習慣がある。

端午の節句に用いる菖蒲で作った頭に付ける飾りを、「あやめのかづら」と呼ぶ。昔は糸所（中務省縫殿寮の官庁の一つ）から宮中に献じ、天子、群臣共に男は冠に付け、女は髪に挿した。これは邪気を払うためという。

糸竹の身にいとしごの端午かな　西島麦南
四辻や匂ひ吹きみつあやめの日　闌更
あやめ草足に結ばん草鞋の緒　芭蕉

粽作り〈『人倫訓蒙図彙』〉

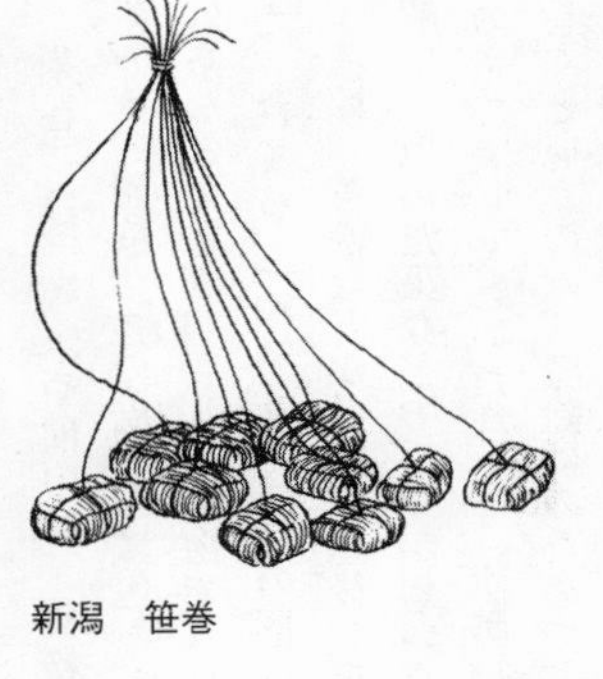
新潟　笹巻

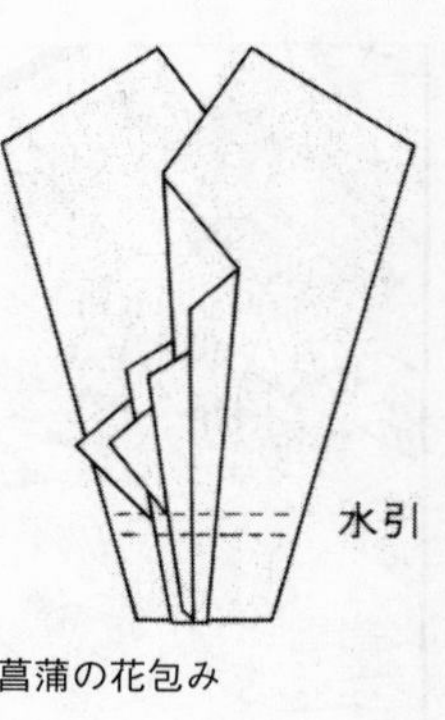

菖蒲の花包み

粽（茅巻）は、糯米や粳の粉、葛粉などを水で練り、茅の葉、熊笹、竹の皮などに包み、藁、菅、藺、または糸などで巻き、蒸した食物で五月の節句に神仏に供え、食する。「粽結う」は粽の形に作ることで、笹粽、菰粽、菅粽などがあり、越後の笹巻は名高い。粽を解くと包んだ葉などの香りが匂い立つ。飾り粽は五色の糸で美しく巻いた粽で、『伊勢物語』には飾り粽を贈られたとの記述がある。五色の糸を巻くというのは、魔除けのためである。

粽結ふかた手にはさむ額髪　芭蕉
粽解いて蘆吹く風の音聞かん　蕪村
結び目のかなしき粽ほどきけり　加倉井秋を
文もなく口上もなし粽五把　嵐雪

粽を端午の節句に食べる習慣は、五月五日に汨羅（湘江の支流）に入水した屈原（古代中国楚の政治家、文人）を弔って、その姉が餅を江に投じたことに始まるという。

16　茅（ち）の輪（わ）

陰暦の六月と十二月の晦日は一年を二期に分けて、来るべき新たな時期に入る祭りの忌（いみ）の日であった。六月の晦日を夏越（なごし）といい、今は新暦または月遅れの七月の晦日に行っている地方もある。大祓いという宮廷の神事も、神社の夏越の祓いも同じ伝承に基づく。夏越に際して人や牛馬が海水に浸り、身を拭う風習が九州にある。近畿地方では神社で茅（ち）の輪（わ）を作り、人にこれを潜（くぐ）らせて祓いを行う。東京でも山王神社をはじめ、茅の輪を潜る行事が多くある。広島地方では古い髪の毛を紙に包み、古歌を書いて川に流す風習もあった。

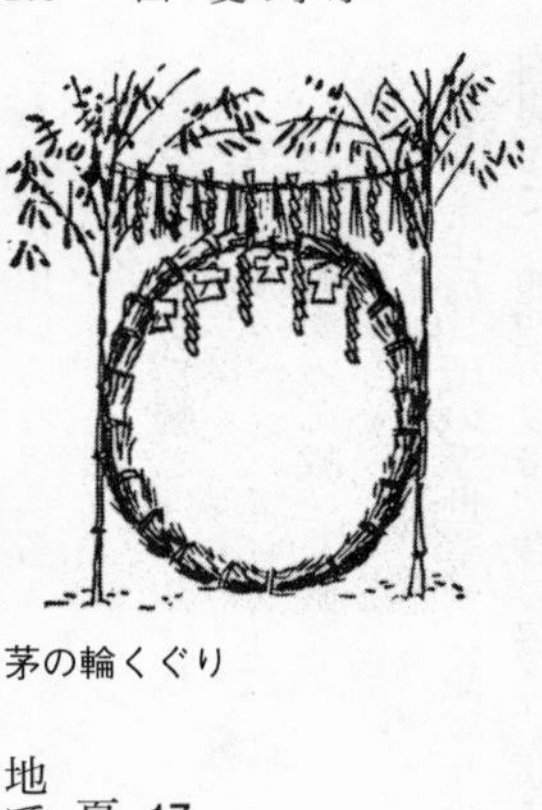
茅の輪くぐり

茅の輪くゞりて今年も守（も）れる命かな　長谷川かな女

夕風にさやぎいでたる茅の輪かな　吉岡禅寺洞

青葭（よし）を茅の輪に結へり湖の神　森澄雄

17　夏帯

夏の和服にしめる帯である。絽や紗、羅など薄手の生地で、模様も涼しげなものが好まれる。博多織の単帯（ひとえ）なども夏帯に用いられている。

単帯かくまで胸のほそりけり　久保田万太郎
単帯その人らしく着こなして　富安風生
夏帯や鈴鹿の御祓せしめ縄　宗因

また、江島其磧の浮世草子『傾城禁短気』（正徳元年＝一七一一年刊）には、「絹縮に練の白裏付て、龍門の夏帯、右の脇に結びて」を収めている。右の脇に結びて、というのは帯を横結びにすることである。

18 夏足袋

夏に履く白足袋をいう。江戸時代には、参殿または登城の際にこれを着用することは、士格以上の老齢者に特免されたが、中期頃までは許可なくしては用いることはできなかった。夏足袋は薄手の生地で縫った足袋で、素材はキャラコ、麻、絹、繻子、木綿、寒冷紗などの布地が用いられる。現在塵除けを目的に使用されるが、ほとんどが白地で、今日では正装の時には欠かせない。

帯締めし身の夏足袋を穿（は）かんとす　　山口波津女

夏足袋を穿かせ終りて納棺す　　清水楓

19　夏場所

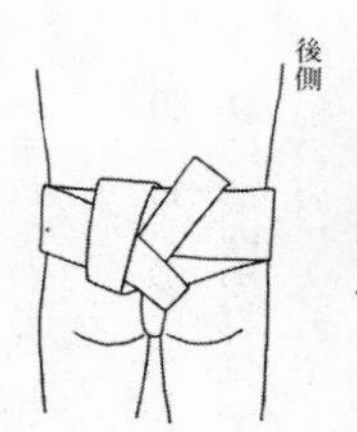

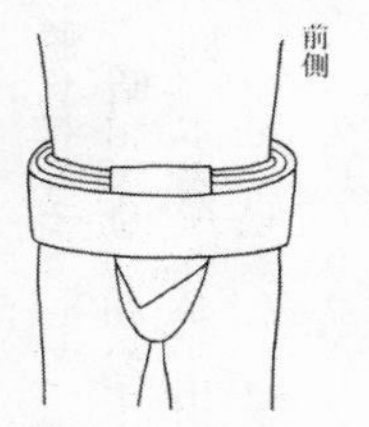

締め込みの結び方

夏に行われる大相撲の本場所のことで、五月場所ともいう。昔は正月の初場所と夏場所の年二回興行で、場所は蔵前の国技館で行われた。回向院（えこう）での晴天十日の興行というのに倣って十日間であったが、やがて十一日になり、近年十五日になった。現在では一年六回の本場所がある。

夏場所や汐風うまき隅田川　　牧野寥々

夏場所やもとよりわざのすくい投げ　　久保田万太郎

はたとやむ団扇（うちわ）の波や五月場所　　はん

夏場所には、場内の観客は扇か団扇を使っていたが、それが好勝負になると、いっせいに使われなくなるというのである。

昭和天皇が初めて大相撲を観戦されたのは昭和三十年の夏場所であり、それから毎年一回、本場所へ必ず出掛けられた。最初に観戦された折の感想を、

久しくも見ざりし相撲ひとびとと　手をたたきつつ見るがたのしき

と詠まれている。相撲取りの締め込み（廻し）の結び方は、前頁図のようである。

20 匂い袋

夏に室内の臭気や邪気を払うために、樟脳、麝香（じゃこう）、丁子（ちょうじ）、白檀などの香料を調合したものを絹の袋に入れて、柱などに掛けたり、身につけるものをいう。また婦人が懐中にしたり、タンスに入れて衣類にその香を移した。

袂落（たもと）としといって、紐の両端に匂い袋をつけて首に掛け、袂に入れていたという。これを誰袖（たがそで）ともいう。和紙を皺（しぼ）包みした巾着型の「匂（にお）い袋」は、中の香り、外の包み、結びとが一体となって幸福を招くといわれ、ほのかに漂う香りは、人々の心にやさしく語りかける。

カリロク（訶梨勒（かりろく））は中国、インドシナ半島、マレー半島に産し、日本へは八世紀頃に唐（とう）

の僧鑑真（がんじん）が伝えたといわれる。木の高さは三〇メートル、花は白色、果実は褐色の卵円形で、通便や咳止めの薬になる。この実を象った長さ二〇センチ程の石製、銅製、象牙製のものを、美しい袋などに入れて、座敷に下げて飾りとした。これはカリロクの実が薬用として有効なため、邪気払いとして柱に掛けたのが始まりという。

香袋くらきところに掛けてあり　大久保橙青
母がせし掛香とかやなつかし　高浜虚子

訶梨勒〈『花結の種々』〉

21　袋掛け

果物に害虫が付くのを防ぐために、まだ若い実のうちに一つ一つにハトロン紙や新聞紙を掛ける。袋を掛ける時期は、枇杷は三月、桃は五月、梨、りんご、ぶどう、柿などは六月に入ってから行う。高い所に付いている実は、脚立を用いて袋を掛けるので、面倒な仕事である。

袋掛け降りてみなぎる乳呑ます　村上冬燕
桃の木は袋掛けしまま残す　高野素十

22 浴衣

木綿の中形染め（中ぐらいの大きさの型紙で型置きをし、地染めをして模様を白く抜いたもの）の夏の単衣（ひとえ）のこと。俳諧が盛んになると、浴衣は季語として愛好された。

浴衣着て少女の乳房高からず　高浜虚子
わきあけのいつほころびし浴衣かな　久保田万太郎
宿浴衣みな凡人に見えて良き　濤声

最後の句は宿屋で客に貸す浴衣のことであり、どれも模様が格子のような単純なもので統一されているので、誰もが同一に見えてくる。

浴衣の源をたどると、入浴の時、または入浴後に着用する麻の単衣の「湯帷子（ゆかたびら）」から発している。室町時代には、衣服を着て入浴する蒸し風呂が普通であった。その時に着る単衣の着物を湯帷子といった。ところが江戸時代初期になると、着物を脱いで、褌（ふんどし）（男子）を付けたまま入浴することになり、風呂から上がるとこの湯帷子を着て、身体の湿気をとるようになった。広袖で涼しいので、やがて夏の衣服に使われるようになった。

お相撲さんの浴衣姿も粋なものである。

雁が鳴くのに白地のゆかた　あれがお江戸のお関取り　作者不明

関取になれば、自分の四股名(しこ)を染め抜き、特別に作らせた浴衣を後援者に贈るのである。

23　蚊遣り火（火縄）

夏の風物の一つに蚊遣(かや)りがある。蚊を追いはらうために煙をくゆらせ、または香をたく。蚊は夕方から出てきて、腹が真っ赤に膨れるまで人間の血を吸う。ブーンと鳴くのも刺すのも雌だけで、雄は植物の液汁を吸うくらいである。憎い蚊ではあるが、俳諧の題目として数多く詠まれているのは、そのかすかな声に一種の哀調を感じるからであろうか。

夕空や蚊が鳴き出してうつくしき　一茶

蚊の声す忍冬(すいかずら)の花の散るたびに　蕪村

蚊を燻すための火を、蚊遣(かや)り火という。また「蚊いぶし」ともいう。

蚊遣火の煙にそるるほたるかな　許六

田植えの時や畑仕事の時に、手拭いで頬被りして、その上に燻した火縄（蚊遣り火）で鉢巻きをする。この火縄は、檜皮を叩いて太い縄にしたものである。田や畠の中で、頭から煙を燻しながら働いている光景は壮観である。

火縄〈『人倫訓蒙図彙』〉

火縄には別の用途もある。煙草の火を付けたり、火縄銃に火を付けるために用いた。竹の繊維や檜の皮、または木綿糸を綯（な）って（よりあわせ）、それに硝石（しょうせき）を吸い込ませた縄は、火持ちがよいので最適であった。

五　秋の季寄（きよせ）

はじめに

秋は涼しく、さわやかな季節である。五穀の豊かに実る時期である。そしてこの時期に行われる盆の行事が印象的である。秋の語源は「あかる」「あかき」であるという。旧暦では立秋（八月八日頃）から立冬（十一月八日頃）までをいい、新暦では九月から十一月に当たる。この期間には、お盆、重陽（ちょうよう）、彼岸、秋祭りなどがあって忙しい。夜のしじまに太鼓の音や掛け声が響きわたって、季節を感じさせる。清楚な菊の花は、秋の風物誌といっても過言ではあるまい。

秋白し笊（ざる）にほしたる西瓜種子　中勘助
秋淋し綸を下ろせばすぐに釣れ　久保田万太郎

この秋やひとり暮しの塩の壺　殿村菟絲子
蚊帳（かや）の中に見ている藪や今朝の秋　松本たかし

中国における「秋」の二十四節気、七十二候では、

立秋
　涼風いたる
　白露くだる
　蜩（ひぐらし）鳴く
処暑（しょしょ）
　鷹すなわち鳥を祭る
　天地はじめて粛（つつし）む
　稲すなわち実る
白露
　鴻雁（こうがん）来る
　燕帰る
　群鳥糧をたくわう

秋分

　雷はじめて声を収む

　蟄虫(ちっちゅう)戸をつちかう

　水はじめて涸(か)る

寒露

　鴻雁来賓す

　雀水に入ってはまぐりとなる

　菊に黄色あり

霜降

　豺(やまいぬ)すなわち獣を祭る

　草木黄落(こうらく)す

　蟄虫ことごとく俯(うつぶ)す

1　牛祭り（太秦）

現在十月十二日の夜、京都市嵯峨太秦(うずまさ)の広隆寺で行われる厄除(やくよ)け、五穀豊穣を祈る祭りで、京都三大奇祭の一つに挙げられている。この祭りは千年ほど前、平安時代に始まる古い祭りである。

祭りは午後八時頃から始められ、摩多羅神（頭部に唐制の幞頭〈頭巾〉を付け、和様の狩衣を着た守護神）の面を付けた僧が牛に乗り、赤鬼、青鬼の行装をした四天王がこれに従い、祖師堂前で祭文を読み上げる。ゆっくり読むので一時間もかかり、これがすむと摩多羅神と四天王は、一散に祖師堂に逃げ込む。この牛祭りの儀式は、きわめて古風であり奇祭である。この祭りでは、牛の前頭部に立派な飾り結びが付けられて、夜目にも鮮やかな飾りである。

角文字のいざ月もよし牛祭　　蕪村
くらがりを鉦うち進む牛祭　　桂樟蹊子
金堂へかたむく月や牛祭　　井口雅堂

2　風祭り（二百十日・二百二十日）

立春から数えてちょうど二百十日目が季節の変わり目に当たり、気象の変化のため暴風雨がやってくる。それは九月一日か二日頃に当たり、とくに農家ではその日を厄日として恐れる。その十日後の二百二十日も、南洋方面から台風が来ることが多いので警戒される。

奈良県三郷町にある竜田神社は、風神といわれる竜田姫と竜田彦を祀り、その風神祭りは古くから有名である。また新潟県の弥彦神社では、二百二十日に風祭りを行っている。栃木県では二百十日の前日およびその当日に、風祭りの行事として獅子舞が行われる。この時歌われる歌も、また風祭りに言及したものが多い。

昔、瀬戸内海は能島（のしま）水軍によって占められていた。これは弘安年間（一二七八〜八八年）に藤原秀時の祖が中国に漂着し、漢の高祖から秘事を学んだと伝えられ、能島水軍の戦術書には、暴風に遇った時は船具のいずれかに縄を九ヵ所結べば、水難は免れるとしている。古来、結び目は風を束縛して被害を免れるとし、一方、結び目を解くことによって帆船は風を得ることができるとされている。

二百十日塀きれ〴〵に蔦（つた）の骨　横光利一
十日過ぎ二百二十日の萩の花　横山蜃楼

「風の盆」というのは、富山県婦負（ねい）郡八尾町（現・富山市八尾町）で毎年九月一日から三日まで行われ、別名「おわら祭り」という。盂蘭盆（うらぼん）の祖霊を祀る行事に、風害を防ぎ農作を祈願する風祭りの行事が習合したものという。現在では信仰的な要素がうすらぎ、むしろ唄と踊りの方に興味がおかれている。歌謡曲で石川さゆりが唄った「風の盆恋唄」はこれを題材にしたものである。

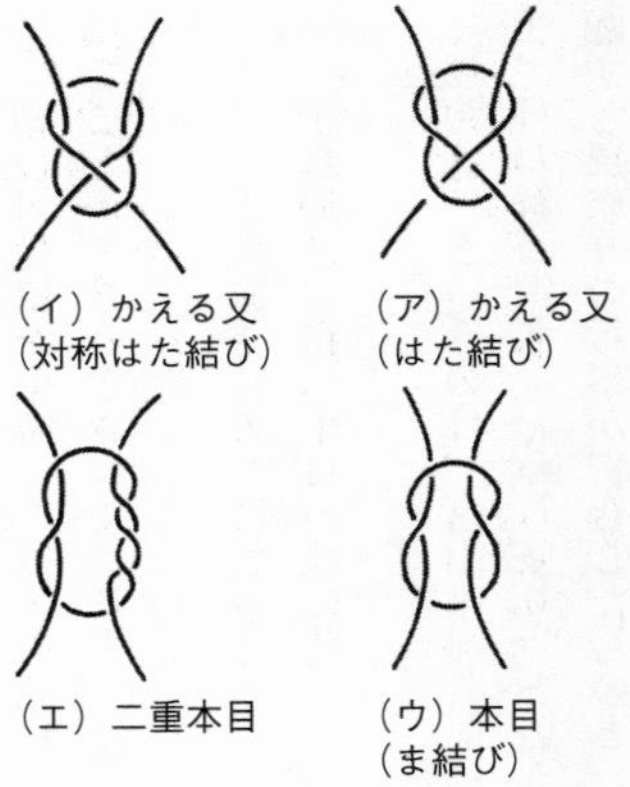

3 霞網(かすみあみ)

秋に大群をなして渡ってくるいろいろな小鳥を、霞網（絹糸などでつくられた網。糸が細く、薄い霞がかかったように見える）を用いて捕らえる猟法である。山の尾根に細い網を張っておいて、そこに囮の鳥籠を置き、その鳥の鳴き声で小鳥が舞い降りてこの網にかかる。一九四七年以降、今日では霞網は禁止されている。

（ア）かえる又
（はた結び）

（イ）かえる又
（対称はた結び）

（ウ）本目
（ま結び）

（エ）二重本目

網の編み方

小鳥網風の軽さを孕みけり　高橋柿花

掛けしより木の影躍るおとり籠　虚子

月のころ尾根におとりもくばられし　春一

4　鴨

初鴨は秋の頃に北方から我が国に渡ってきて、河川や湖沼などに群れ棲んでいる。矢野道坦の『栞草』（延享三年＝一七四六年刊）には「鴨は雁より後に来り、春は雁より後に帰る」と記している。鴨の種類は多いが、雄の羽の色彩は雌よりもはるかに美しい。昔から鴨は『万葉集』をはじめ、『古今和歌集』『夫木和歌集』『後撰和歌集』などの歌集や多くの家集その他に詠まれている。

初鴨や刈らぬ水田に浪を立　　雲道

一湾や吹きをさまりて月の鴨　　田村木国

鴨啼くや弓矢を捨てて十余年　　去来

向井去来（一六五一―一七〇四）は弓馬その他の武芸を嗜んでいたという。鴨の声に思い出されるように、弓馬を捨てて既に十余年が経ってしまったと感慨にふけっている。

鴨の渡る道は一定しているので、高縄などの方法で捕獲する。高縄というのは、鳥を捕らえるために縄に黐を付けて、高い所に張っておく方法である。木村蒹葭堂の『日本山海名産図会』（寛政十一年＝一七九九年刊）には次のように記している。

先づもちを寒に凍らざるがため、油を加えて、これを一度煮て苧に塗り、わくに巻きとり、さて両岸に篠の細きを長さ一間（約一・八メートル）ばかりなるを、間一間半に一本ずつ立並べ、右の糸をまとい張ること図のごとく、一方に向いたる一本ずつの竹は尖の切かけの筈（糸を受けるところ）に油を塗り、糸の端をかけおき、鳥のかかるについて筈はずれて、纏わるるを捕う。これを柵から落ちるという。東西の風には南北に延き、南北の風には東西にひき、必ず風に向うて飛来るを待なり。又鴨群飛して糸の皆落るを惣まくりと言う。

5　菊供養

気品と清い香りを持つ菊は、秋の花の代表的なものである。菊の香のしみ通るような澄んだ秋の日のことを、「菊日和」と呼んでいる。菊は晩秋、霜の降りる頃まで咲き続ける。残菊というのは、重陽の日（陰暦の九月九日）以後に咲く菊のことであり、晩秋になお咲き残って淋しい風情を漂わす。

菊はもと中国から渡来した花で、平安朝の貴族たちがこの花を賞でた。重陽の節句といわれる九月九日には、「菊の被綿（きせわた）」という優雅な行事がある。これは前夜、菊の上に綿を被せたり、上にのせて菊の香を綿に移して、翌朝この綿で身を拭うと、老いを去り命を延すといわれる。これは、菊が最初は薬として渡来した経緯によるものであろう。

十月十八日（陰暦九月九日の重陽の節句）に、東京の浅草寺では菊供養を行う。参詣の人々は菊の枝を持って行って仏前に供え、代わりに既に供えられている菊をもらって帰る。すると、疾病や災難から逃れることができるという。

菊花包み（小笠原流）

有る程の菊抛（な）げ入れよ棺の中　夏目漱石
白菊や暗闇にても帯むすぶ　加藤知世子
たましひのしづかにうつる菊見かな　飯田蛇笏
ふところにみくじの吉や菊供養　久保田万太郎
ひざまづく童女の髪や菊供養　水原秋桜子
膝に置く供養の菊のかろさかな　岡本眸

重陽の日にはどこの家でも菊の花を飾り、菊の花を贈り合った。和紙に包み、花の心や風流のわかる人に贈ったのである。菊は皇室の紋章であり、外国にある大・公使館の正面に掛かっている。昔は軍艦の艦尾にも付いていた。

6 島田帯祭り

静岡県の島田は江戸時代、東海道五十三次の一つであり、対岸の金谷と共に大井川の渡し場として有名であった。馬子唄に「箱根八里は馬でも越すが　越すに越されぬ大井川」と歌われたり、滝沢馬琴の『羇旅漫録』（享和二年＝一八〇二年著）に「連日の雨に大井川往来なければ、岡部より島田の間に諸侯満ち満ちて」と記されるように、出水による川止めの際には近所の庶民は難儀をしたが、逆に宿場のほうは繁昌をしたという。

宿場の混雑で実権を持つ旦那がその資力を発揮したのが、今も催される島田帯祭りである。元禄八年（一六九五年）から続く大井神社の大祭日に当たり、三年に一度開かれ、これは日本三大奇祭の一つといわれる。

大井神社の祭日は十月十三日から十五日までであり、島田の宿に嫁した女性は、安産祈禱のために帯を大井神社にお供えする。神社では十五日に大名行列を行い、その帯を披露するために、神輿に供奉する二十五人の大奴の刀の下げ緒にその帯を使用する。帯を長く垂らして静かに歩む、そして左手には蛇の目傘を差す、その姿が奇祭と呼ばれる所以である。

7　ずいき祭り（北野天満宮）

京都市上京区の北野天満宮で、旧暦で九月四日現在では十月一日から四日まで行われる祭礼である。この名前の起こりであるずいき神輿は、屋根やおもな部分にずいき（芋の茎）を用い、周りを野菜や果物などで飾り立て、十月四日の還幸（かんこう）の列に従う。毎年新しい趣向をこらして、湯葉、麩（ふ）、海苔などで彩色した人物、鳥、獣などを飾った。

この祭りの起こりは、菅原道真（すがわらのみちざね）の死後、毎年秋に家来たちが自ら栽培した作物を霊前に供

島田帯祭り（静岡）

北野天満宮ずいき祭りの神輿の結び

えたのが始まりで、それに草花を挿して人物、花、鳥などを形作ったものを船にのせて供えるようになり、やがて神輿にまで発展したのである。神輿につけた飾り結びが美しい。

年々や芋茎(ずいき)祭も雨つかひ　東鳥

8　相撲節会と衣裳

本来は神事と関係の深いもので、宮廷では初秋（七月二十八日）の行事として相撲節会があった。諸国から集めた相撲人に試合させ、大関を選定した。これは年の豊凶を占う神事であった。今は大相撲は年六場所の興行であるが、神社その他で行われる宮相撲や草相撲は、秋祭りの頃に行われる。試合をする相撲人の服装は、褌(ふんどし)の上に狩衣(かりぎぬ)を着、烏帽子(えぼし)を冠っていた。

土俵を飾る結びにはいろいろある。まず神殿を象った四本柱に支えられた屋根の中央に、美しい「揚巻結び」の紐飾りが垂れている。現在は釣り屋根になり、四本柱の代わりに大房(ふさ)が下げられている。

次に横綱がしめる「神緒(かみのお)」と呼ばれる綱がある。この神緒を作る行事を綱打ち式という。これは「三合綱」といって、銅線の芯を入れた麻を、木綿地で巻き固めた三本の綱を使って、左巻きに縒り合わせて作る。横綱の結び方には雲竜型と不知火型があり、前者は亀を象って地を表し、後者は鶴を象って天を表す。さらに、綱の前に四垂という紙の幣を挟み込んででき上がる。

土俵に彩りを添えるものに、行司の装束と軍配がある。これには公家、武家の礼法を受け継いだ階級制があって、色によって識別されるようになっている。たとえば、横綱・大関格

横綱　不知火型（上）雲竜型（下）

相撲

には紫または紫白を組み合わせた組紐を、三役には紅紐を、幕内には紅白を組み合わせた組紐が用いられる。また、軍配の紐の長さや糸の本数にも故実（こじつ）がある。

紐の長さは十二尺（約三・六メートル）で一年の月数を表し、房を作る糸の本数は三百六十五本あって一年の日数を表す。行司はこの長い紐を小指にかけて力士の勝負をさばく。水入り相撲では、紐を口にくわえ、軍配を肩に担ぐようにしなければならない。だからあまり長いと不便なので、今日では行司の身長に合わせた長さになっている。

下帯（した）は見事なれども京相撲　　許六

下帯（した）というのは締め込み（廻し）のことである。

9　晴明神社祭

晴明神社は京都市上京区堀川にあり、厄除（やくよ）けや方除（かた）けに霊験がある神社といわれる。この神社は平安中期の陰陽（おんみょう）博士安倍晴明（あべのせいめい）を祀り、社頭には提灯（ちょうちん）にも屋根にも晴明判紋といわれる紋章が付いている。これは魔除けとして用いられ、別名晴明桔梗（ききょう）紋とか星紋とも呼ばれている。安倍晴明は天文学を学び陰陽道に通じ、天皇はじめ諸家のお祭りや占い行事に招かれて、名声がきわめて高かった。

現在、この神社の祭礼の九月二十二日と二十三日には、広い氏子の地域を少年鼓笛隊を先頭にして、鉾や稚児、神輿などの巡行がある。晴明判紋を浮かせた宮家奉納の剣鉾や吹き流しが、軒をかすめるようにして進み、とくに稚児の晴れ姿が目をひく。

彼が創作したといわれる「晴明判紋」は、紛れもなく結びの呪術（じゅじゅつ）である。鳥羽や志摩の海女は、古くは額に巻く手拭いの眉間のあたりに呪符を黒糸で縫い付けたが、それには晴明判紋や道満判紋（道満は晴明の弟子）を用いた。手拭いにできるだけ細かい目で縫いつけるが、その場合、海に潜っても必ず元気で浮上するようにと、「返し針」にすることになっている。

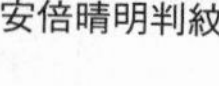

10　俵編み

晩秋の取り入れがすむと、農家では夜なべ仕事に新藁で俵を編んだ。一粒の米も洩れないような俵編みの仕事は、単純な技術ではなかった。一家の主がその技術を引き継ぎ、子に伝えた。納屋の土間では、青年たちが仲間を誘い合って俵編みをした。

綯いためし縄の玉さげ帰りけり　中田みづほ

縄綯ふや炉辺より土間に綯ひ卸し　美甘寒水

11　七夕

陰暦七月七日、あるいは地方によっては一ヵ月遅れの陽暦八月七日の夜と考えられる。七夕は夏と秋との交叉の祭りである。語源は棚機であり、機を織る女の人のことである。転じて織女と牽牛の両星が、天の川の両岸に七月七日の夜に現れて、カササギの翼を延べて橋とし、織女が橋を渡って相合うという中国の伝説につながり、星祭りともいう。同夜の夜前に供え物をし、葉竹に五色の短冊などを飾り付け、女の子が裁縫や書道など技芸の上達を願う習わしが生まれた。字が上手になるようにと、里芋の葉の露で墨をすって字を書く風習もある。中国では七夕に蜘蛛を小箱に入れ、それがつくる糸網の巧みなもので吉凶を占ったという。我が国ではこの時に香華を供え、供具を調え、竹竿の端に五色の糸を掛け、ほどほどの願い事を星に祈った。この願いは、三年のうちに必ず叶うと信じられていた。現在、竹に短冊や細かく切った色紙を飾るのは、願いの糸の名残である。

送り神に託して穢れを持ち去ってもらおうと、笹に付けた人形（色紙）を祓え流すという考えから七夕流し、七夕送りが生まれた。

七夕の色紙結ふ手のあひにけり　皆吉爽雨

巫女（みこ）舞は七夕笹を髪にかざし　矢上螢雪

恋さま〴〵願ひの糸も白きより　蕪村

しかと結ふ願の糸や心あて　高橋淡路女

七夕や藍屋の女肩に糸　召波

天漢（あまのがは）相向き立ちて吾が恋ひし君来ますなり紐解き設（ま）けな　山上憶良（『万葉集』巻八）

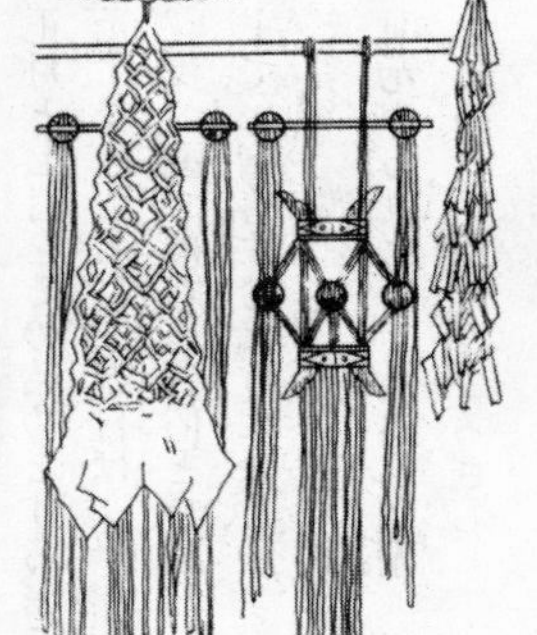

岐阜　七夕の糸

12　中元

陰暦七月十五日の称である。

中国では古くから正月十五日を上元、十月十五日を下元とし、また七月十五日を中元として祝う習慣があった。

これは一年を三区分する、道教神の祭事によるものであった。我が国では一年を二つに分けて、正月と七月をその始めとする考え方があった。

中元すなわち七月十五日は、半年間の無事を祝い、先祖の霊を供養する盂蘭盆として定着した。我が国では贈呈習俗と合致し、日頃世話になっている家へ、七月初めから十四、十五日頃までに贈答するようになった。

中元やわれにこよなき水団扇　河原白朝

中元や老受付へこころざし　富安風生

水団扇とは、紙に漆を塗って水に耐えるようにした団扇である。水に湿してから扇ぐと、涼味を感じる。

文化八年（一八一一年）に刊行された『進物便覧』（大坂河内屋嘉七版）には、中元の進物として次のように記している。

刺鯖、蓮の飯、この二品は両親存命の人は中元の日これを奉るべし。これを生身玉の祝という。そうめん、踊ゆかた、踊花笠、すべて小児へおどりに用いる具として贈る。切子どうろ、細工どうろ、水からくり、秋の草花、花火線香、びいどろ細工、すずむしかご、新そば粉、新酒中汲（なかくみ）、新山の芋、近江梨、ぶどう、塩まな鰹、するめ、干はも、干かます、親戚へは扇子、紙、懐中手道具類、新干ぴよう、ゑぶな、うなぎ、川魚類、川すずき、白板かまぼこ、砂糖類、其外残暑の時分故切手類も弁理なるべし。

13 盆行事

七月十三日の夕刻から十五日までの魂祭である。

家々では盆棚を座敷に飾って、祖霊を迎える。盆花を飾り、ささげ（マメ科）を下げ、位牌を仏壇から取り出してこの盆棚に置く。僧が来て盆棚に誦（ず）経するのを棚経という。初物の野菜を供え、溝萩（みそはぎ）を束ねたもので水鉢に水を注ぎかけて拝む。正月と盆とは類似が多く、正月と並んで一年の前後を分ける大事な折り目であり、年に二度の祖霊祭の機会であったと考えられる。

数ならぬ身とな思ひそ魂祭　　芭蕉
玉棚の奥なつかしや親の顔　　去来
あぢきなや蚊帳（かや）の裾踏む魂祭　　蕪村
女童らお盆うれしき帯を垂れ　　富安風生

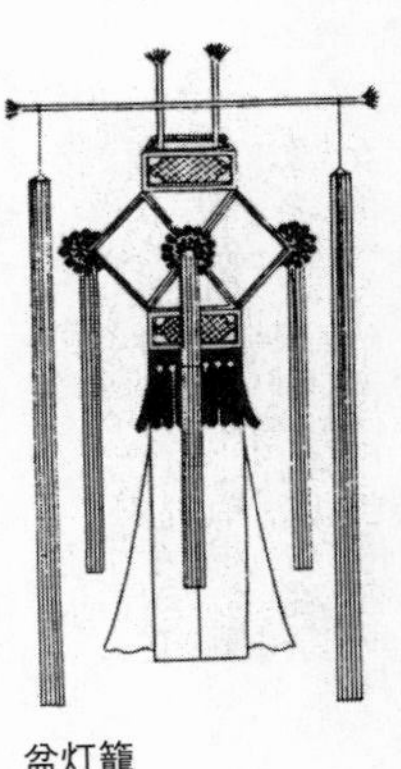

盆灯籠

灯籠(とうろう)はお盆に欠くことができず、灯(とも)を点して祖霊を迎える。灯籠の形は大きく分けて、吊り灯籠と台灯籠とがある。盆灯籠は七月十三日の夕刻から十五日まで点す地方もあれば、七月一日から七月いっぱい点し続ける地方もある。一般には盆の終わる十五日か十六日に、精霊送りと送り火とを兼ねた形で灯籠流しが行われる。すなわち点火した灯籠を、川や海に流す習わしである。

色々の形をした灯籠を船に載せ、沖に漕ぎ出て流すのを見るのは、誰しも哀れを催す光景である。

露けしや高燈籠のひかへ綱　白雄
あまた賜(た)ぶ盆燈籠のかなしけれ　角川源義
初恋や燈籠に寄する顔と顔　太祇
水に置けば浪たたみくる灯ろうかな　高浜虚子
流灯の沖へ出でしは淋しけれ　大竹孤悠

盆にはまた綱引きが行われる。これは正月の綱引きと同じく年占いの一つで、これによって勝ったほうがその年の作がよいという。西日本では八月十五日に行われる。

盆綱を女も引いて夜の更けり　　小熊一人

14　重陽

陰暦九月九日の節句で、九は陽数でその九を重ねるから重陽（ちょうよう）という。お九日（くんち）といえば九月九日のことである。菊をこの日の景物（けいぶつ）として、菊の節句ともいった。その由来は次のようである。

昔、中国の桓景（かんけい）という人が費長房（ひちょうぼう）のところで学んでいたが、ある時、長房から故郷の家に大災厄が来るといわれ、当日は紅い袋に茱萸（しゅゆ）を入れ、肘に掛けて山に登り、菊酒を飲めば災いを免れると教えられた。

そのとおり一家をあげて山に登り、帰ってみると、家畜はすべて死んでいたが、家族は厄を免れたという。それからは一般の人は九日に山に登り、夫人は茱萸の袋を身に付

重陽〈『大和耕作絵抄』〉

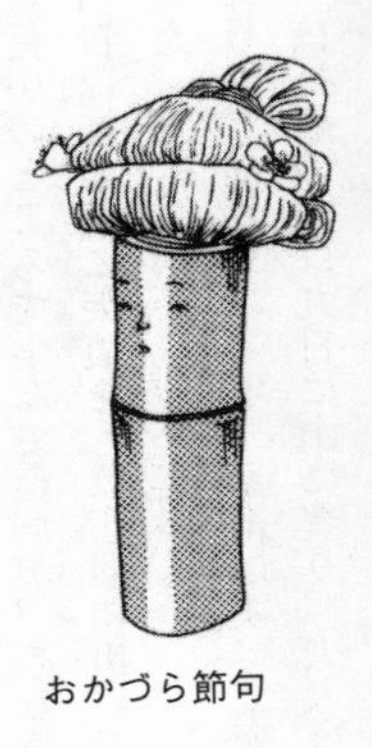
おかづら節句

けて菊酒を飲むようになったという。

茱萸は中国原産のミカン科の落葉樹で、高さは約三メートルになる。日本でも薬用に栽培され、果実は径約一センチの球形で紫紅色に熟し、健胃、駆風、利尿薬にした。

菊の香にくらがり登る節句かな　芭蕉
八重菊も今日九日の匂ひかな　乙由

陰暦の九月は農民にとっては収穫の月であり、九月の三度の九日を、秋田地方では刈り上げの節句、東北では三九日（さんくにち）、中部では三九日（みくにち）という。三度の九日には、三九日茄子（なす）を食べると寒さに負けないという。

愛知県の南部地方では、九日のことをオカヅラ節句といい、子供がオカヅラ（髪のこと）という人形を作る日であった。静岡県の海岸部でオカンジャケ、東北地方で稲株アネコというのも、これと似た子供の遊びである。元来は植物の生命力を身に移そうとした、感染呪術（じゅじゅつ）に基づいている。

「重陽」の祭りは、中国の古い習俗が我が国に伝わり、宮廷を中心に取り入れられたものである。菊酒は邪気を払い、人を老いさせず、長寿が保てると信じられていた。

15　風呂敷

正方形の切れ地で、物を包むもの。伸縮がきいて、どんな形のものでも包める重宝さがある。古くは平包みといって、平安時代から絵画に多く描かれている。江戸初期から風呂敷と

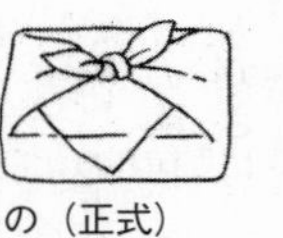

箱形のもの（正式）

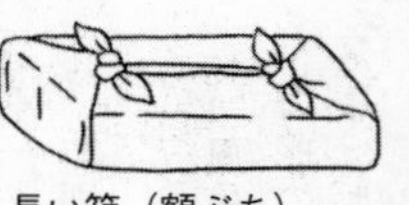

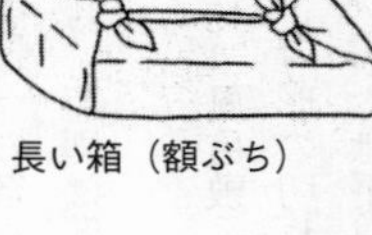

長い箱（額ぶち）

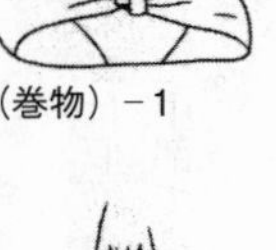

円筒形（巻物）－1

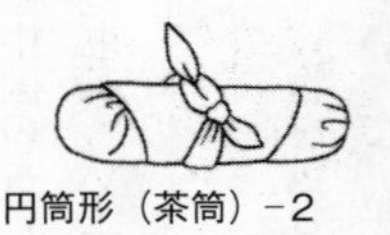

円筒形（茶筒）－2

細長い瓶（酒瓶）－1

細長い瓶（ビール瓶）－2

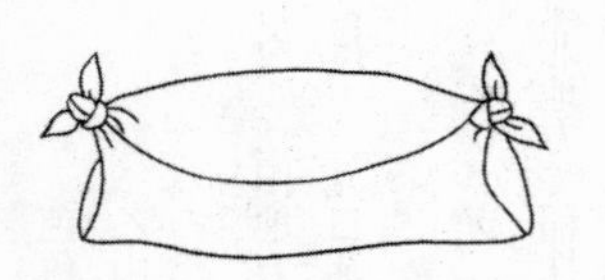

小物入れ（袋の代用）

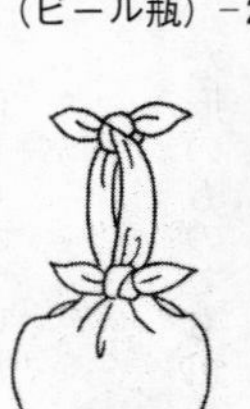

球形のもの（西瓜）

ふろしき包み

呼ぶようになる。これは蒸し風呂に入浴の際、衣類を脱いでこれに包んだり、風呂から上がった時に敷いて、濡れた衣類（褌や湯文字）を包んで帰ったのである。

風呂敷は元禄時代から一般化し、人々の荷物の持ち運びや、商人が商品の運搬用にも用いた。また布団などの収納具ともなった。最近では美しい風呂敷は、贈答品として用いられるようになっている。

ふろしきを忍びかねたる西瓜かな　春来
ふろしきに落ちよつつまん鳴雲雀　惟然
風呂敷に猿の著更へや猿廻し　它谷
ふろしきを解かぬ先から西瓜かな　六窓

江戸期の風呂敷包み〈『百人女郎品定』〉

西瓜その他のものを風呂敷で包む時は、前頁の図のような包み方をするとよい。

日本の風呂敷と同じ用途に用いられた韓国のポジャギ（褓子器、十九世紀で絶えた）も、また正倉院に保存されている「包みぎれ」にも四隅に紐が付いている。そのために、包み方、結び方、運び方にいくぶんの違いが生じる。

六　冬の季寄(きよせ)

はじめに

冬は寒くて花のない季節である。この季節の特徴は雪である。冬の語源は「冷ゆ」であろう。旧暦の上では立冬（十一月八日頃）から立春（二月五日頃）までである。新暦に当てると十二月から二月に相当するが、新年（正月）を除くと二ヵ月間になる。冬の寒さに負けず、他の花に先駆けて咲く梅こそ、冬の代表花であろう。

三冬や身に古る衣のひとかさね　西島麦南
はつ冬や空へ吹かるゝ蜘のいと　召波
初冬や行李の底の木綿縞　細見綾子

中国における「冬」の二十四節気、七十二候では、

立冬

水はじめて氷る
地はじめて凍る
雉(きじ)氷に入ってはまぐりとなる

小雪

虹かくれて見えず
天のぼり地くだる
閉塞冬をなす（地上は陰気だけに覆われて寒い冬になる）

大雪

やまどり鳴かず
虎はじめて交わる
茘挺(れいてい)（おおにら）出ず

冬至

みみず結ぶ
麋角(びかく)（トナカイの角）落つ

水泉（わき出る泉）動く

小寒

雁北に向かう

鵲（かささぎ）はじめてすくう

雉鳴く

大寒

鶏（にわとり）うるみす（交尾する）

鷹はげしく飛ぶ

水沢厚く堅し（沼沢の水が厚く凍っている）

これらは季語に用いられる。

1　綾取り

細紐の一メートルぐらいのものを用いて輪にし、両掌の指で操作していろいろな形を作り出す。熊、川、手、鼓、琴、梯子、箒（ほうき）などが有名である。二人で相対して、交互にその紐を操り絡げて取り合う方法もある。

綾取りが我が国に伝来したのは、十七世紀の末、貞享、元禄の頃といわれる。当時、京阪

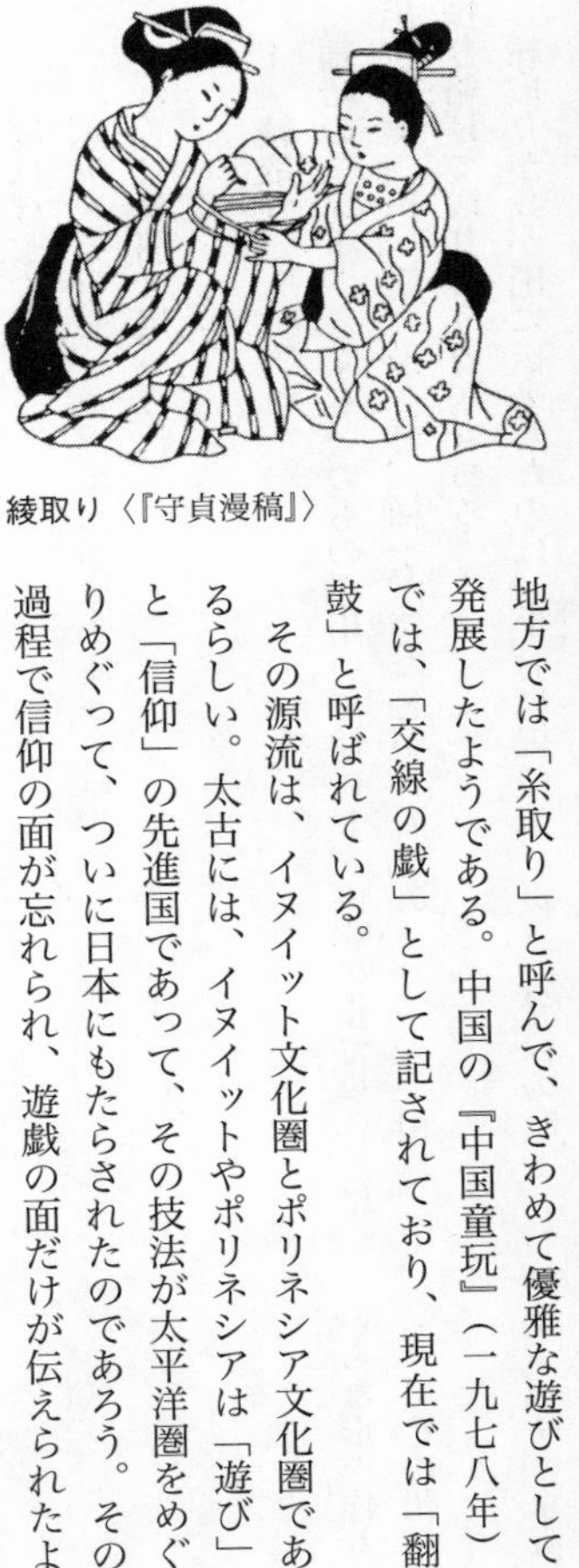
綾取り〈『守貞漫稿』〉

地方では「糸取り」と呼んで、きわめて優雅な遊びとして発展したようである。中国の『中国童玩』（一九七八年）では、「交線の戯」として記されており、現在では「翻鼓」と呼ばれている。

その源流は、イヌイット文化圏とポリネシア文化圏であるらしい。太古には、イヌイットやポリネシアは「遊び」と「信仰」の先進国であって、その技法が太平洋圏をめぐりめぐって、ついに日本にもたらされたのであろう。その過程で信仰の面が忘れられ、遊戯の面だけが伝えられたようである。

あやとりの崩れて果てしひとり取り　鈴木栄子

あやとりの綾の鼓となりて終ふ　草間時彦

2　亥の子餅

中国の俗信に基づいた行事で、陰暦十月の亥（い）の日に餅を搗（つ）き祝う。この餅を亥の子餅という。我が国では、平安朝以来朝廷で行われたものが民間の行事として移ったもので、収穫祭の意味合いが強い。この日は子供たちが藁(わら)束を縄で巻いた亥の子搗きを作り、これを持って家々を回り地面をたたく。この日に搗く亥の子餅を玄猪(げんちょ)、厳重(げんじゅう)とも、またおなりきり（御成切）、とも呼ぶ。

玄猪餅牛の口へも二つ三つ　　西山泊雲

亥の子の地搗き〈『絵本御伽品鏡』〉

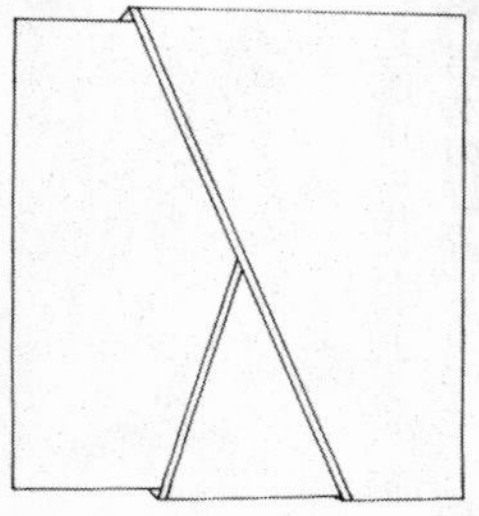

亥の子餅包み（伊勢流）

亥の子餅

拭かでかへす重箱ぬくし亥の子餅　　湯室月村

亥の子餅の包み方は、前頁中段の図に示すようである。

3　襟巻

防寒用のものであるが、近年は装飾用に用いられる。絹や毛織や獣皮などで作られるが、毛糸で編んだものも多い。年齢や男女の好みによって、いろいろの種類がある。明治七年（一八七四年）頃には今のマフラーと同じような、長方形の襟巻が流行した。

巻き方にはいろいろあるようで、明治四年（一八七一年）の唄に「くるくるからんだ衿巻」と出ている。首に巻いてから捩(よじ)って襟元に押し込むのと、二、三回巻いてから襟元で小さく結ぶもの、緩く巻いて一つ引っ掛けておくもの、等々の工夫がなされた。

襟巻の狐の顔は別に在り　　高浜虚子
襟巻やほのあたたかき花舗の中　　中村汀女
襟巻のぐるぐる巻きや海猫(ごめ)の空　　小川千賀

4　縁結び

神無月（かんな）（陰暦の十月）の十一日から十七日には、日本中の神様が出雲大社に参集して縁結びの神事を行うといわれる。これは祭神の大己貴命（おおなむちのみこと）（大国主命）が諸所で神婚を結び、子供が多くいたことがおもな理由であろう。

出雲大社　©Wikimedia Commons

縁結び

神集ひ乗り捨てまし雲泊る　高田蝶衣
神集ひ神は出雲の地酒召す　中原冴女

神に縁結びを祈願する風習や神事は、各地にいろいろある。その一つに、「新年の季寄」の項で述べた常陸帯の神事がある。これは男女が想う相手の名を帯に書き、神前に供えておくと神官がこれを結び、神の宣託を乞うて縁を占ったと伝えられ、帯占ともいう。

秋の行事の中で、七十五結祭りという珍しい縁結びがある。これは九月十六日に行われる岐阜県郡上市和良町の戸隠神社、九頭龍大明神の祭りで、神様が男女の縁を七十五組まで結ぶという。

京都の賀茂川の上流、貴船川のほとり、鞍馬貴船の山峡に、結社がある。これは貴船神社の中社で、祭神は須佐之男命、大己貴命、神武天皇、磐長姫で、縁結びの主役は磐長姫になっている。伝説によると、瓊瓊杵尊が木花開耶姫を娶った時のこと、父の大山祇神は姉の磐長姫を共に奉った。ところが瓊瓊杵尊は木花開耶姫だけを自分のところに残して、磐長姫を帰してしまった。これを恥じた磐長姫は、「われ長くここにありて、縁結びの神として世人のために良縁を得させせん」といい、ここに結社として居着き、祀られることになったという。

また結びの神という名前のついている神社もある。岐阜県安八郡安八町にある結神社で、この神社は古くから縁結びの神として崇められていたらしく、阿仏尼の『十六夜日記』（建治三年＝一二七七年）にもその名が出ている。社伝によると、小栗判官と照手姫がこの神社に祈って結ばれたということである。能因法師がこの結明神を詠んで「心さえ結ぶの神やつくりけん　解くるけしきも見えぬ君かな」という歌を残している。

5　事納め（納め八日）

十二月八日を節日として、いろいろの行事が行われる。これは二月八日の事始めに対していう言葉である。コトの神は農神であり、二月八日に人里に降りて来て農事を助け、十二月八日に一年間の収穫を見届けてから天に帰るという伝承がある。行事としては、目籠を竿の先に吊るすなどした。それは、この日が厳重な慎みを必要とされ、鬼などの妖怪が来るので、それらを退散させる目的からだという。麦飯を炊いたり餅を搗いたりする地方は多い。京都地方では逆に、二月八日を事納めとしている。

目籠を戸外にたてる

納め八日の目籠

納め事なくても家根の印かな　一茶
山の井に大きな蓋や事納　広江八重桜

6　紙衾（かみぶすま）

和紙を外皮にして、中に藁稭（わらしべ）や古切れ、古綿などを入れた布団の類で、これは貧しい階層の人々が用いた。『守貞漫稿』（嘉永六年＝一八五三年）には、次のように記している。

江戸困民および武家奴僕（ぬぼく）、夏紙張を用ふ者、秋にいたりてこれを売る。これに藁しべなどを入れて周りを縫ひ、衾（ふすま）として再びこれを売る。困民、奴僕等これを買ひてふとんに代へて寒風を禦（ふせ）ぐなり。

紙衾のことを別名天徳寺ともいったが、この根拠は「江戸西窪天徳寺前にてひさぎたるゆゑの名なり」（『松屋筆記』松屋久重編、江戸初期の茶書）という。

紙ぶすま折目正しくあはれなり　蕪村
百足（むかで）はふ音すさまじや帋衾（かみ）　梅室

7　角巻

雪国の女性が外出用に着る防寒衣である。大型の四角い布を三角に二つ折りし、マント風に羽織って上半身をすっぽりと包む。角巻(かくまき)の縁には房がついており、また二つ折りにした襟の部分を羽毛で飾ったりする。赤子を背負う時など、とくに便利である。

角巻の内に風呂敷包み負ひ　清崎敏郎

角巻の瞳(め)のかがやくは恋ならむ　小林康治

角巻（秋田）

8　七五三と紐解き

七五三は十一月の十五日に、数え年三歳と五歳の男の子、三歳と七歳の女の子を祝う行事である。当日は、女の子は振袖を着、男の子は袴をはいて氏神に詣で、また親戚の家を回った。この年頃の子供は成長期の重要な節目と考えられ、そのため神詣でをしてその成長と守護を願

千歳飴

七五三の神詣

うのであった。

七、五、三という数字は、奇数を陽とする中国の思想にちなんで定められたものである。したがって「七五三祝い」ともいい、当日の神社の境内には、長寿にあやかり鶴などの彩色のある長い紙袋に棒飴を入れた、千歳飴を売る店が立ち並んだ。

七五三熨斗目の袴もてあます　金川千代子
振袖の丈より長し千歳飴　石塚友二
飴袋黒土擦って七五三　沢木欣一

「紐解」という行事は陰暦の十一月十五日、子供の着物に付けてあった付紐をとり、帯を初めて付けさせるための祝儀で、後に男子五歳、女子七歳となった。有名な人を頼み、吉方に向けて子供を立たせ、晴れ着に着換えさせ、帯を結んでもらった。その後に氏神に参詣し、親類と共に祝宴を開いた。

野仏に分く紐解の祝菓子　中川美亀
帯ときも花橘のむかしかな　其角
帯解や松毬拾うて叱られて　中原鈴代

9　しめ作り

青刈りした稲藁や青い菅を乾燥させたものを材料とする。門口に張り渡すしめ縄は、左縒りの縄に白幣や藁を垂らす、前垂れしめがふつうである。藁と藁との間に、ゆずり葉やしだを挿し込むものもある。神棚に引く太く短い大根しめ、藁を輪にした輪飾りがある。村の神社に奉納する大しめ作りは、昔から村の青年の仕事とされている。

十二月の声を聞くと、京都の周辺の北白川、修学院、松ヶ崎など洛北の農家では、しめ飾りの夜なべ仕事が忙しくなる。しめ飾りには簡単な輪飾りから、さまざまな手のこんだものがある。しめ作りは想像以上に力のいる仕事であるが、編み上げたお飾りが山と積み上げられたのを見ると、既にお正月がすぐそばまで来ているような気分になる。

注連つくり杉の木の香の空に酔ひ　飯田龍太

月に打つ藁の青さや注連作　中原一樹
炉辺の父注連綯ひながら受け答　常田みちを
年の市青しめなわのにほひたつ　石川桂郎

10 障子

障子は風を遮るものであるから、冬の季題にふさわしい。冬に入る前に、骨を洗い、紙を貼るので、「障子を洗う」「障子を貼る」は秋の季題である。冬の白い障子は採光を和らげ、室内温度を調節してくれる。また障子は外の光線が中にいてわかるのであり、これは日本風の美しさであろう。

柔らかき障子明りに観世音　富安風生
障子開け墓苑の空気満たしけり　阿部みどり女
きのふより濃き月光の障子なる　篠原梵
成る様にならない障子貼りにけり　叉王
洗ひたる障子を立てゝ風情とす　久保田万太郎

やしき頭巾

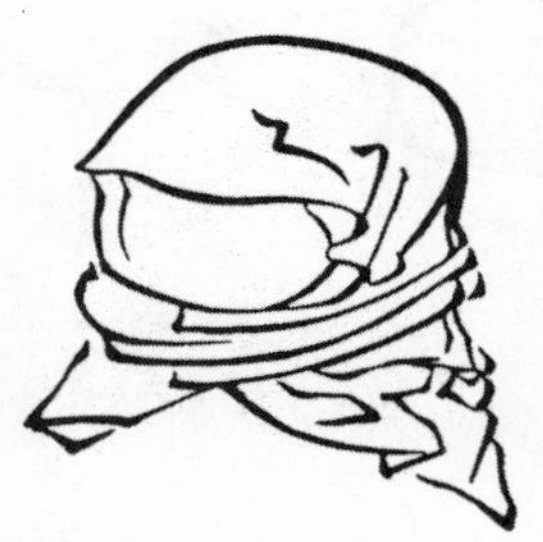

風呂敷頭巾〈『巷街贅説』〉

11　頭巾

寒風を防ぐために、布で頭を覆うように作られている。お高祖（こそ）頭巾は大正の末まで雪国で見られた。大黒頭巾は還暦の祝いに贈り、これを被るしきたりがある。焙烙（ほうろく）頭巾は老人か俳人が稀に被る。

米買ひに雪の袋や投頭巾　芭蕉
袂（たもと）なる頭巾さがすや物わすれ　召波

次に風呂敷を用いた頭巾について述べよう。風呂敷をそのまま頭巾にして被ったもので、江戸中期以降に流行した。洒落（しゃれ）本『廓大帳』には、「ふろしき頭巾に顔かくし」と記しているところを見ると、吉原へ通う時に、この頭巾で顔を見られないように包んだのであろう。

東北地方では、四角い布を斜めに折って三角にした婦人の労働用の被り物を、風呂敷ぽっちといった。山形地方では、この被り物の上にランタナ（虫除け）で巻いて用いた。

12 歳暮祝い

その年が終わるに当たり、一年中の交誼を感謝して、物品の贈答を行うことをいう。虚礼は好ましくないが、心のこもった贈り物は、人の心を結ぶ上からも必要であろう。

歳暮鮭とけばこぼるゝ結び文　阿部慧月
師へ父へ歳暮まゐらす山の薯　松本たかし

『進物便覧』（文化八年＝一八一一年）には歳暮のお祝いとして、次のように記している。

ぶり、塩鯛、つしま小鯛、沖ざわら、筋めぐろ、塩だら、串貝、鮭塩引、寒ぶな、寒ぼら、数の子、田作（ごまめ）、はまぐり、玉子、ごぼう、塩鰹、にんじん。

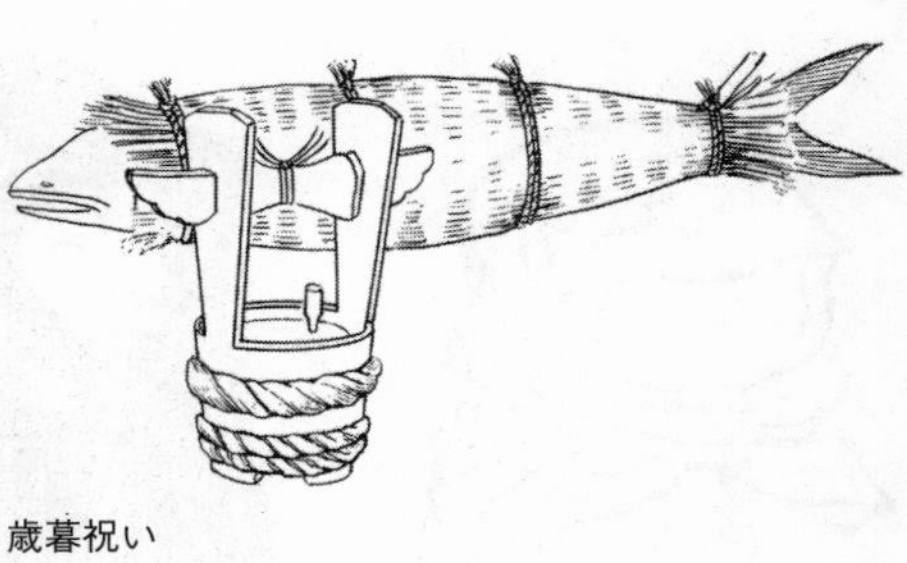

歳暮祝い

すべて商売の品によるものよし。例えば、酒屋より白酒、又は酒のかす、醬油屋よりひしほ、搗米屋より豆あづき、農家は大根、芋、ごぼう作物を以て歳暮の祝儀とすべし。

魚の内包みは右図のようにする。

13 鎮魂祭

陰暦十一月中の寅の日（新嘗祭の前日）に、天皇、皇后の御魂を鎮めるための神事が行われる。

鎮魂とは肉体から遊離しようとする魂を、身体の中に鎮めるということで、その行事では、神祇官が伏せた盥の上に巫女が乗り、賢木の桙で搗く。神祇伯（神祇官の長官）は葛箱に「玉の緒」という糸を入れてこれを結び、霊魂を身体に安定させる。さらに女官蔵人は天皇の服を納めた箱を開けて揺らし、霊の活動を促進させる。つまり鎮魂と魂振の二つの要素がある。

民間では、石上神宮（奈良県）が十一月二十二日、弥彦神社（新潟県）が十一月一日、物部神社（島根県）が十一月二十四日に、この鎮魂祭の祭事を行っている。

此日降る雪もしづけし魂鎮め　江口竹亭

14　縄跳び

一人で跳ぶ時は、二メートルぐらいの縄を両手に持って、クルクル回しながら跳躍する。広場で五、六人で跳ぶ時は、長い縄の両端を二人で持ち、縄跳唄を唄いながら回す。その回っている中に、一人、二人と跳んで入る。また一段、二段と、次第に高くしていくのを跳び越す遊びもある。

縄とびの縄は冷えねど夜迫る　中村草田男
縄跳びや地を打つ音の乾きゐて　黒坂紫陽子

15　袴着

陰暦の十一月十五日に、五歳になった男子が初めて袴をはく祝儀である。式は一族中の名望ある人を袴親に頼み、子供を碁盤上に立たせて吉方に向かせ、袴親が麻裃（かみしも）を着せ、袴をはかせる。袴は前腰の部を取り、左足から入れた。式後、氏神に参詣して、親類縁者を招き祝宴を開く。

袴着や子の草履とる親ごゝろ　来山
袴着や銀杏吹散る男坂　内藤鳴雪
袴着や寒紅梅の花衣　岡本癖三酔

袴着

16 日蔭の鬘

鬘（かずら）の茎は紐状で地上を這い、長さ二メートルに達する。『後撰和歌集』（天暦五年＝九五一年撰）に、「おく山の日蔭のかずらかけてなど　思はぬ人にみだれそめけむ」の一首を収める。古代には朝廷の祭事に、頭部の装飾にこの鬘を用いた。

大嘗祭、新嘗祭（にいなめさい）、豊明節会（とよのあかり）などに、儀式に奉仕する人々は小忌衣（おみごろも）を着し、冠の笄（こうがい）の左右にこの日蔭の鬘を掛けた。後には白糸や青糸を組んでその代用としたが、これを日蔭の糸という。

「心葉」とは挿頭（かざし）として冠に付ける造花のことで、日蔭の鬘を掛ける時に冠の上に立て、金銀で松竹梅、

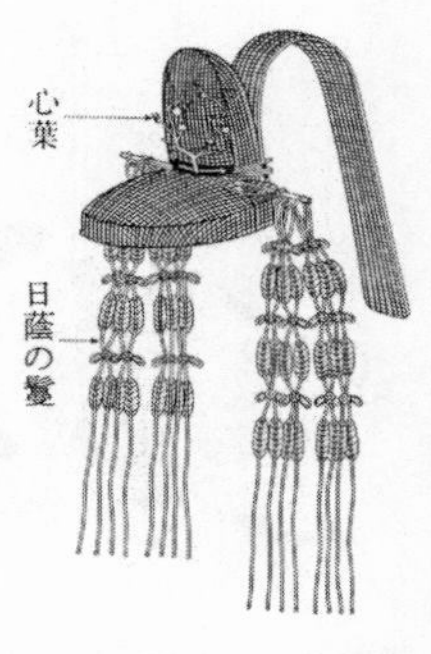

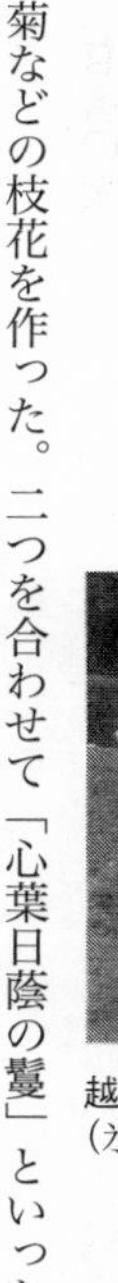

桜、菊などの枝花を作った。二つを合わせて「心葉日蔭の蘰」といった。

越中ブリの輸送に使われた鰤籠
（氷見市立博物館蔵）

かけまくも長きためしや日のかづら　継舟

長き代にかけし日蔭のかづらかな　其諺

17　鰤

成長にしたがって名前が変わるので、出世魚といわれる。幼い時はワカシ、イナダ、ワラサ（東京方面）と呼び目方六キロ以上のものを鰤という。冬には近海を回遊して、寒鰤といって味がよい。初鰤は十二月初めに、初めて漁獲して市場に出されたものをいう。

初鰤や橋立の文なまぐさき　　遊糸

雪時化の前後に漁獲が多く、北陸では師走の雷鳴を「鰤起こし」という。富山湾岸の氷見市は鰤の漁獲の多い地で、ここでとれた鰤は高岡、富山を経て、神通川沿いに越中西街道を辿って、高山へ運ばれる。この鰤街道の所要日数は、昔は二十日ぐらいであったという。

毎年十一月九日、能越国境の石動山にある能登部神社に、氷見から初穂として献上され、宮司が祝詞の中で大漁であるようにと祈願をした。氷見鰤は街道を辿るうちに、富山で越中鰤と変わり、小京都高山に着くと飛騨鰤という名に変わる。高山では毎年十二月十九日に鰤市が立ったが、ここから野麦

巻鰤（金沢市）

峠を越えて信州に送られた。

大鰤の口に嚙ませて糶(せり)の札　　柳田たま江

寝て起きて鰤売る声を淋しさの果　　才麿

前々頁下図は越中鰤を輸送するのに用いた籠である。側面は竹で編んだ籠でできている。前頁図は、寒鰤を塩蔵して、細い藁(わら)縄で固く締めた金沢の巻鰤である。これはよく乾いた藁の透き間から空気が適当に出入りして、魚の味は半年以上も新鮮に保たれるという。

18　頰被り

手拭いは手や顔、体などを拭くための木綿の布であり、一幅を鯨尺で三尺（約一一四センチ）の長さに切ったものをいう。寒さ避けに手拭いを用いて頰を包むのであるが、各地で被り方が異なっている。現在でも農村では、帽子がわりに用いている。

頰かむりして父に似しさみしさよ　　青柳志解樹

頰被り喋り弛みのして居たり　　安達緑童

そこにあるありあふものを頬被

手拭の先を結ばずしてかぶり

高浜虚子

（東海道中膝栗毛）

19　足袋

寒さ防ぎや礼装のために足に履く袋形のもので、平安朝の頃は革製のもので沓（くつ）のようであったが、江戸の中期から木綿で作られるようになった。元来は着用しないのが礼であったので、武家や大店の雇い人などの間では、履く期間が定められていた。紺足袋（たび）は男性用、白足袋は女性用であるが、礼装用としては男女ともに白を用いる。

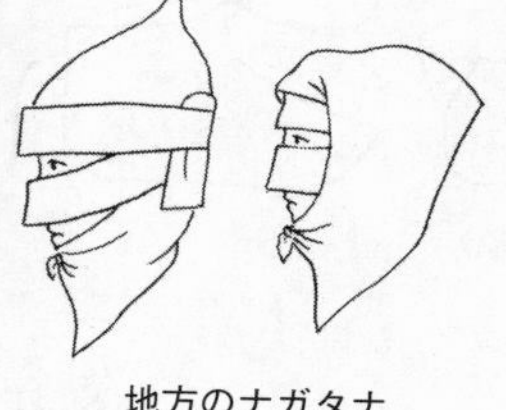

地方のナガタナ

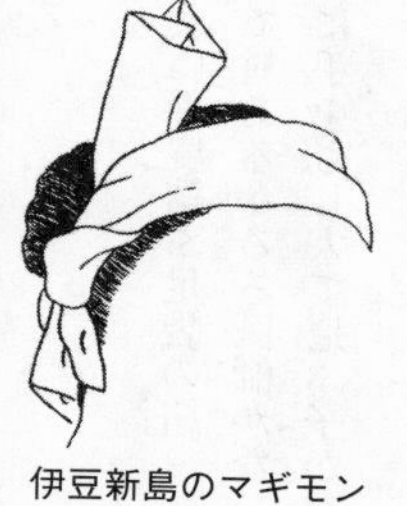

伊豆新島のマギモン

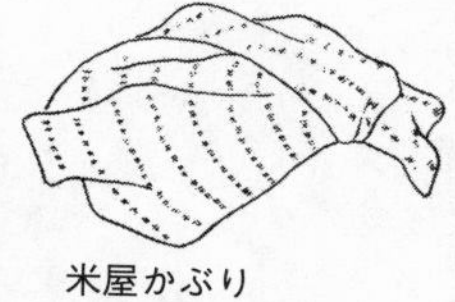

米屋かぶり

てぬぐいかぶりの型

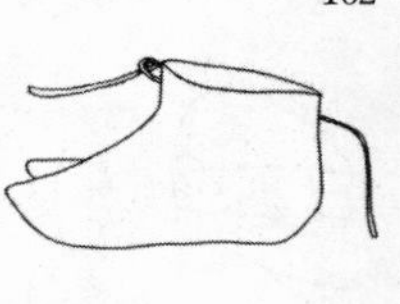

足袋〈守貞漫稿〉

江戸時代のものは、ひもつき足袋といって、足首をひもでくくって履いたものである。

子の母よいく度結ぶ足袋の紐　召波
革足袋で村あるかるる医師かな　召波
赤足袋に手をさし入て這ふ子かな　一茶

足袋の語源は、皮で作るところから単皮（たんび）（『和名類聚抄』）、または踏皮（たび）（『本朝世事談綺』）といわれている。諺に「たびは姉をはけ、雪駄（せった）は妹をはけ」というが、これは、足袋は大きめを買って履き、雪駄は小さめを買って履け、つまり足袋は洗うと縮んで小さくなり、雪駄は後で緒が緩んで大きくなるためのいましめである。

20　羽織と胸紐

着物の上に「はおり着る」ところから、羽織の名前が付いたという。つまり、帯や袴をつけた衣類の上にまとう防寒用、または装飾用の短衣のことである。

種類には長羽織、広袖羽織、筒袖羽織、平袖羽織などがあり、用途上からは戦陣用の陣羽織、茶人の用いる茶羽織（丈の短い、襠（まち）を入れないもの）、武士が乗馬や旅行の折に着る背割羽織（打裂（ぶっさき）羽織ともいう）がある。背割羽織は背縫いの下半分が開いて、ここから大小刀が出るようになっている。また火事の際に用いる火事羽織は、くすべ皮、羅紗、もめんなどで仕立てた特殊なものである。

羽織は元来、一時的に衣服の上に重ねて着る略式のものであったから、江戸時代にこれを常用したのは下級者だけで、上級者は正式の場合には用いなかった。女子が羽織を着はじめ

羽織

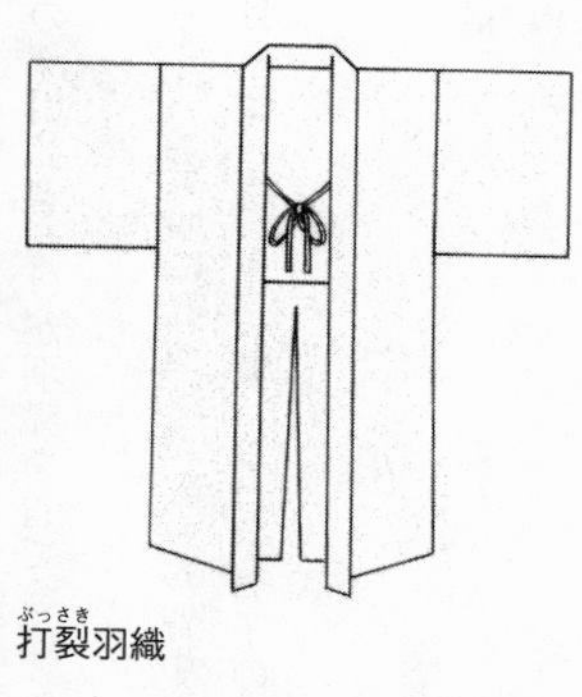

打裂（ぶっさき）羽織

たのは男子よりも遥かに後で、江戸の深川芸者だけが羽織を着て宴席に出たので、「羽織芸者」といっていいはやされた。

明治維新になると直垂（ひたたれ）、裃（かみしも）が廃止され、黒地に五つ紋（紋所が背中をはじめ、五ヵ所に付いている衣服）を染め抜いた紋付羽織を、袴と共に用いるのが男子の和装の正式として定められ、今日に及んでいる。

うれしさや着たり脱いだり冬羽織　　村上鬼城
わが好きな羽織の冬のはじまりぬ　　山田千城
斎日に立ち上ったは羽織なり　　（柳多留）

羽織紐の結び方の発展に注目してみよう。最初の頃は裂（きれ）の絎（くけ）紐であったが、やがて絹糸の八つ打ちの九紐となり、男は「草の宝珠結び」や「引解きひとえ結び」が多く用いられ、女羽織は「ま結び」が一般的であった。

十七世紀末、貞享の頃から平打ち紐になって長くなると、結びも装飾化され、「けまん結び」や「輪違い」を専門家に結んでもらうようになった。これらはやがて「あわび結び」と共に、歌舞伎の殿様役の羽織に見られるようになる。

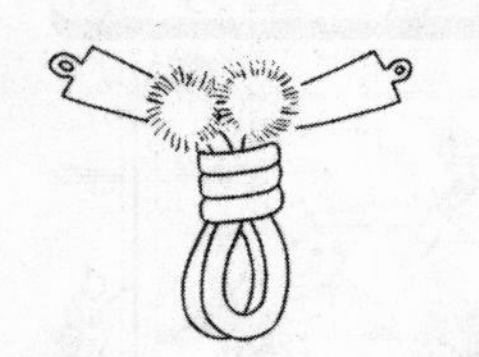
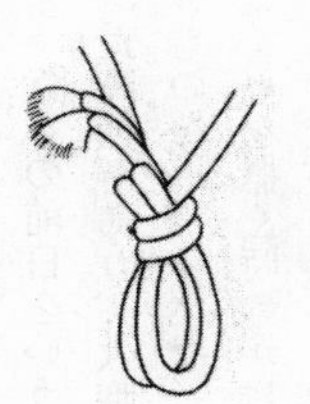

丸打ち紐〈男〉

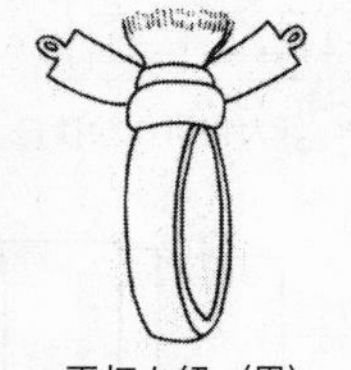

平打ち紐〈男〉

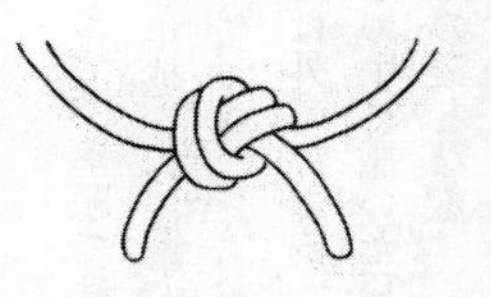

草の宝珠結び

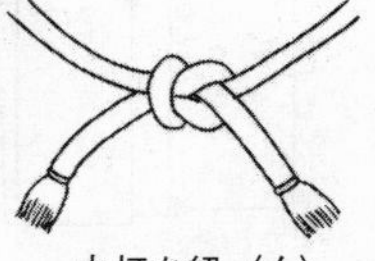

丸打ち紐〈女〉

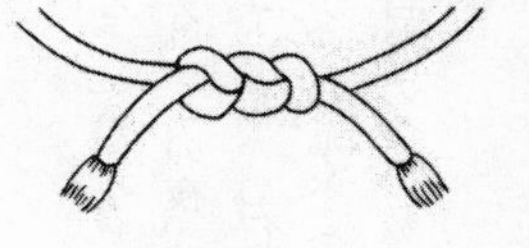

丸打ち紐（藤結び）〈女〉

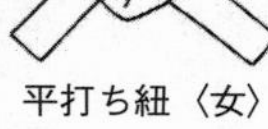

平打ち紐〈女〉

平打ち紐（叶結び）〈女〉

紐結び

21 節分

立春の前日をいう。したがって、季題では冬に入る。冬から春になる時を一年の境と考えた時期があり、大晦日と同じ年越しの行事が行われる。この夜、柊(ひいらぎ)の枝に鰯の頭を刺したものを戸口に挟み、節分豆といって煎った大豆を撒(ま)いて厄払いの行事を行う。鬼遣(おにやらい)ともいう。豆を撒く時のかけ声は「鬼は外、福は内」であるが、九鬼(くき)家(摂津国三田藩主)では「鬼は内」と言うそうである。家の中に撒いた豆粒を、自分の歳の数だけ食べるというしきたりがあるが、高齢になると至難の業となる。

節分の豆撒き〈『大和耕作絵抄』〉

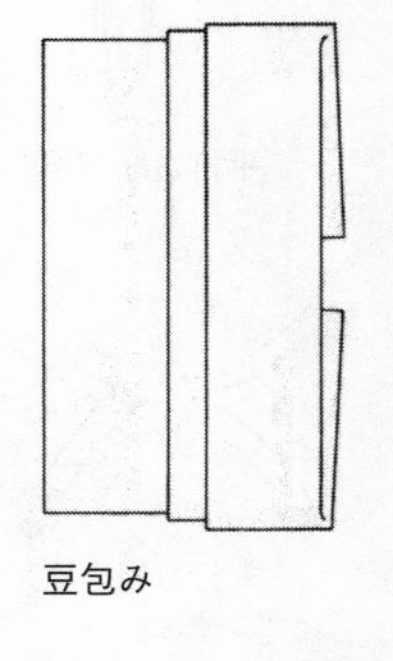
豆包み

節分や肩すぼめゆく行脚僧　幸田露伴

節分の高張立ちぬ大鳥居　原石鼎

こだまする後山の雪に豆をまく　蛇笏

雪はらふ垣ねや梅の厄おとし　（鶉衣）

梅やさく福と鬼とのへだて垣　（鶉衣）

炒豆の包み方は前頁図のようになる。

七　通過儀礼

はじめに

日毎の行い、週毎の仕事、月毎の習わし、年毎の行事と時間の単位を広げると、それより大きいしきたりは、生まれてから死ぬまでの人間の一生の間にいくつもの節目として訪れる。それらの節目を通り抜ける時に、通過儀礼がある。つまり、誕生祝い、褌（ふんどし）祝い（成人式）、婚礼祝い、岩田帯、還暦祝い、葬礼、法要といった節目の行事である。

1　新生児

昔の人はクシャミをすると、体から魂が飛び出してしまうと信じていたようである。新生児のクシャミの呪い（まじない）として行われたものに、「鼻結びの糸」という呪術（じゅじゅつ）がある。誕生後七夜の間、乳児がクシャミをするたびに、その数だけ糸を結んで結び目を作り、七夜を過ぎてから臍(へそ)の緒と一緒に箱に納めたのである。

鼻結びの糸は長さ一尺三寸（約三九センチ）の麻糸または絹糸を、白または青色に染めて用いたという記録があるが、この習慣は既に平安時代から行われていたようである。今日でも田舎の旧家では、おばあさんの箪笥から「鼻結びの糸」が出てきたという話を時々聞く。

体の中に霊魂が宿っていると信じた昔の人たちは、魂が体外に出られないように封じ込め、また肉体から遊離した魂を肉体に鎮めることによって延命を祈った。これが「結びの呪術」である。

2　誕生祝い

初誕生（生誕）の祝いと、年々の誕生の祝いとの二種類がある。初誕生の祝いは昔からあったが、年々の誕生の祝いは近年になってからの風習である。つまり明治以後、欧米の風習が移入されてからで、昭和二十三年（一九四八年）以来、満年で年を加えることに法制化されてから急に普及し始めた。それ以前は「数え年」で年をとるために、新年に当たって家族全員が一つ年を加えたのである。ところが法制化されてからは、個人毎に誕生日が生まれたので、誕生祝いは大きな意義を持つようになった。

初誕生の祝いには、生まれた子供の生命力を強めるために、餅を搗(つ)くのが全国的な風習で

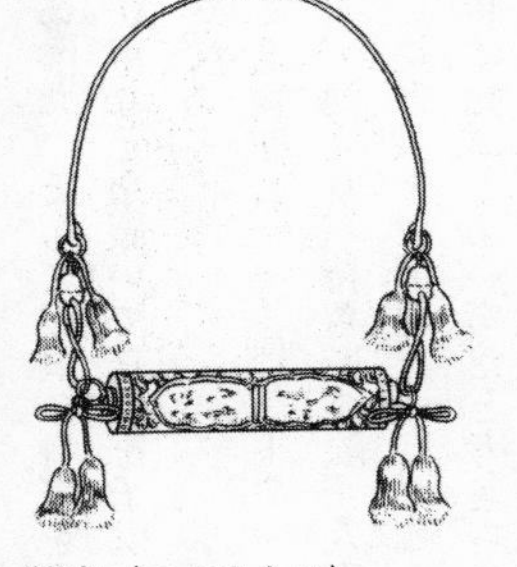

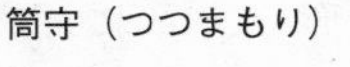

筒守（つつまもり）

巾着〈『和国諸職絵尽』〉

餅を背負わす（埼玉・浦和市）

あった。そして子供の将来を占うために、昔は子供の前に物差し、算盤（そろばん）、筆、硯、機織具（はた）、紡車（つむぎ）などを置いてそれを子供に取らせ、もし筆をとれば字が上手になるなどといって喜んだのである。

『進物便覧』（文化八年＝一八一一年刊）には誕生祝いの品として、守り刀、守り袋、巾着、筒守り、持ち遊び絵、人形類、頭巾、樽肴などを挙げている。

長野県上伊那地方では、この日に餅を搗いてお供えを作り、それを子供に背負わせ、この時に転ぶとよい事だと考えられている。

3　褌祝い

成人になると赤い褌（ふんどし）を贈られ、これを「名付親」に締めてもらう儀式があった。昔の成人というのは元服のことで、その年齢は地方によってまちまちであったが、数えで十三歳の所もあれば数えで十五歳の所もあった。女子の成人式には、湯文字（腰巻）が同様に贈られた。いずれも室町時代の蒸し風呂と関係がある。

その頃の褌は六尺褌といって約二メートルの長さがあり、その布の一端を用いて結ばれていた。きりりと締めた褌には力がある。ところが、江戸時代になって現れた越中褌（えっちゅう）では、長さ三尺（約〇・九メートル）、巾一尺（約三〇センチ）の布の一端に二本の紐を付けて、この紐で腰を巻いて褌を止めるようにした。これで布は半分ですみ、結ぶのにも軽便となったが、締めた時の褌の力は弱くなった。

この褌をさらに改良したのが、「畚褌（もっこ）」である。これはちょうど前後を隠せるだけの布の前と後に紐を通してこれに人間の足を通し、紐の一端を左右どちらか（片脇）で結ぶようにした。

褌祝いは性的に青年期に入ったことを本人も知り、また世間にも披露して祝福してもらう儀式であった。

ふんどしを故郷へ飾る角力とり　（柳多留）

大きな男ふんどしをねだるなり　（柳多留）

六尺褌

4　結納祝い

結婚式の前に行う贈答のことである。婿方からは嫁の帯料と共に五種のものを、また嫁方からは婿の袴料と共に五種のものを付けて贈答する。五種のものとは柳樽、鯣（するめ）、昆布、白髪（麻）、鰹節である。これらのものは、長生、和合、幸福などを表徴するものと考え

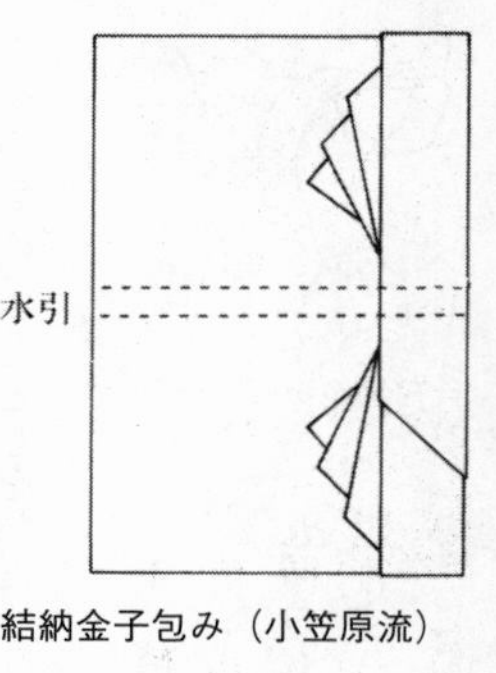

結納金子包み（小笠原流）

られていた。

当日はこれらを白木の台に載せ、「熨斗（のし）」および目録を添えて嫁方へ届ける。目録は品物の引き渡しのための次第書であるから、水引など掛けない。結納は、これによって婚約が確定する重要な儀式と見なされている。また縁談の仲人を職業のようにしている、結納屋といわれる人もいた。

ひまな日は暦見ている結納屋　（柳多留）

昔は結納品の中には必ず帯が入っていたが、やがて代わりに「帯代」と名付けて、お金を紙に包んで贈るようになった。この場合、水引の結び方は「結納は二度あってはいけない」という願いを込めて、結び切りにする。

5　婚礼

結婚式とは、男女が夫婦生活を結ぶ誓約をする儀式である。その種類には家庭結婚式、神前結婚式、仏前結婚式、教会結婚式などいろいろある。家庭結婚式というのは、祝言の式場として婿方の家庭が選ばれる場合をいう。

神前結婚式では、夫婦の契りの印に三三九度の盃が交わされる。これを「結びの盃」と呼ぶ。第一献の盃は新郎から新婦へ、第二献は新婦から新郎へ、第三献はまた新郎から新婦へと、酒を酌み交わす行事によって夫婦の精神的、肉体的結合を代弁させているようである。

また、婿と嫁が同じ器の食物を共に食べる儀礼も多くの地方で残されており、これも主要な夫婦の契りの印と見られている。これらの儀礼は、物理的よりも精神的に重きを置いた夫婦の契りのようで、そこにはやはり洗練された文化を感じることができる。

この杯の儀式に欠かせないのが、銚子と提子（ひさげ）である。長柄の銚子には雄蝶が、また提子には雌蝶が取り付けられる。白の檀紙で折られたこれらの蝶花形には、さらに山橙（だいだい）、藪柑子（こうじ）、松竹梅が添えられて美しさを増す。

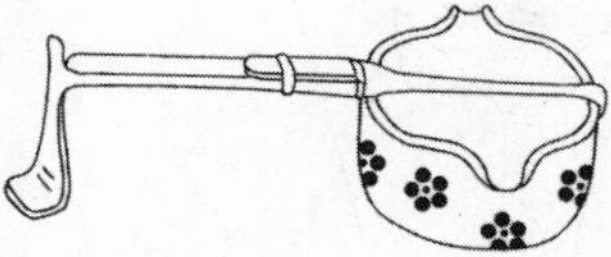

婚礼〈『絵本江戸紫』〉

銚子〈『福富草紙』〉

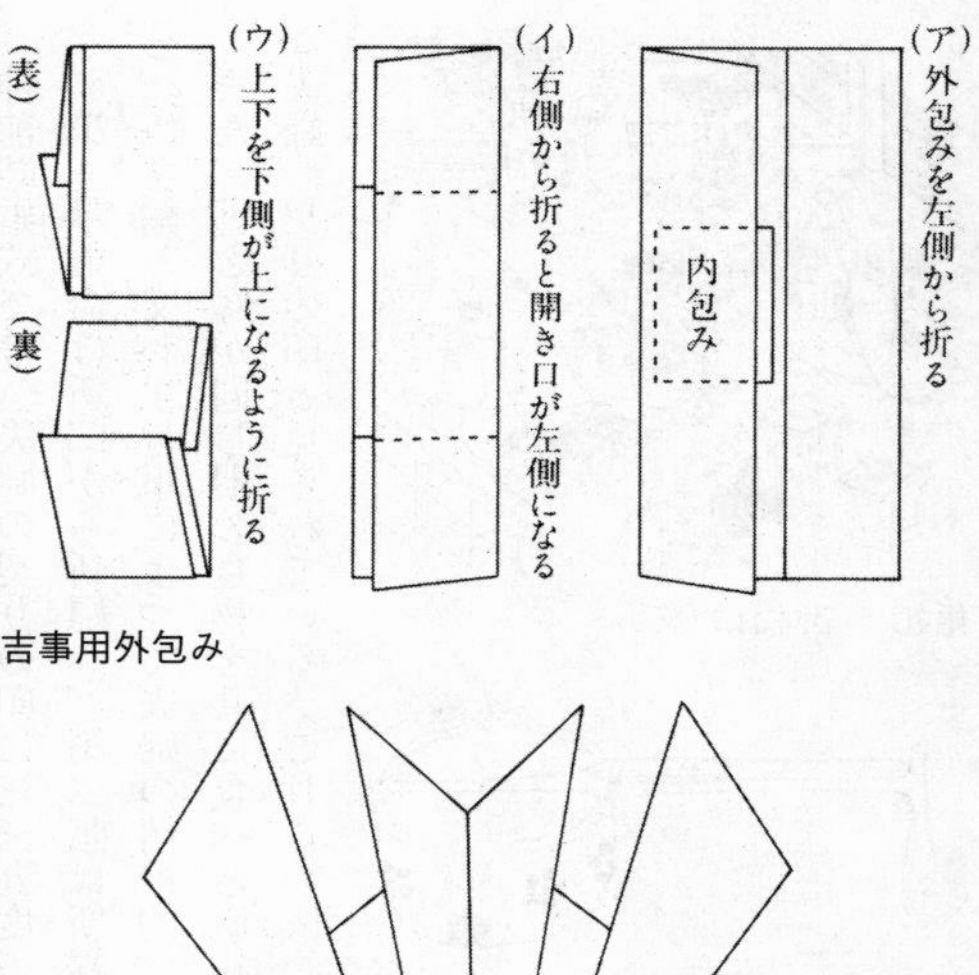

吉事用外包み

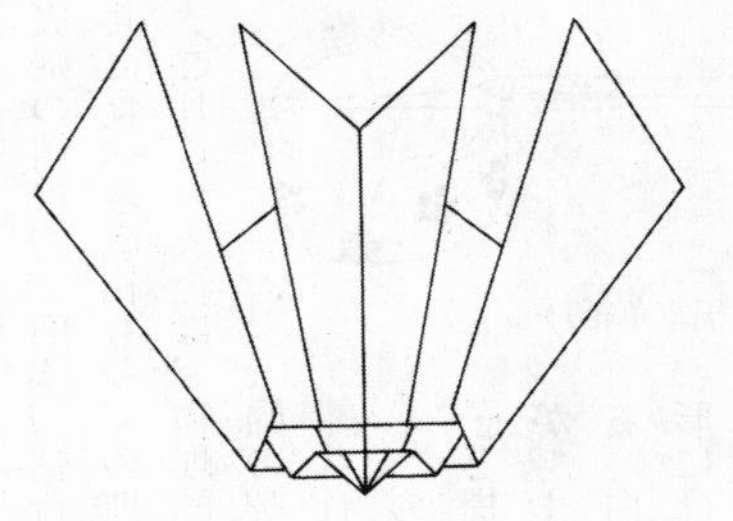
雌蝶（小笠原流）

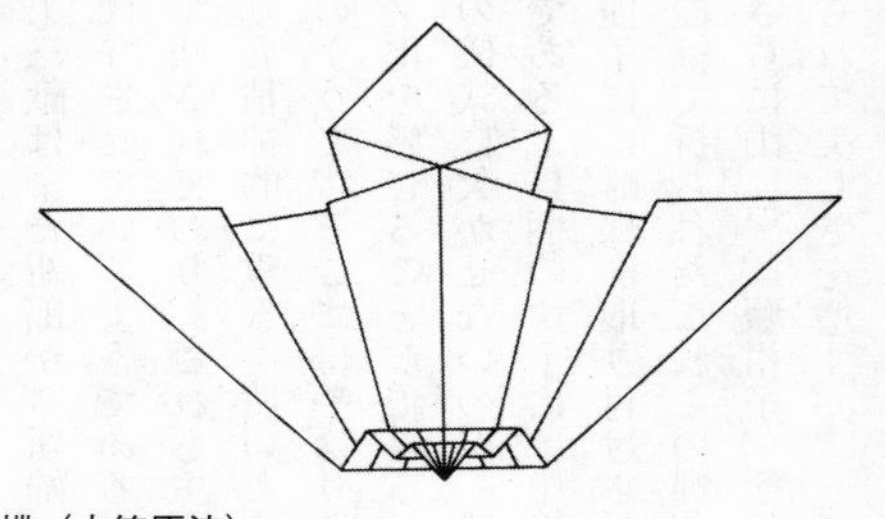
雄蝶（小笠原流）

婚礼の花に立舞う酌の蝶　（浜の真砂）

婚礼の贈り物としては、公の場合には樽、肴、鰹節、奉書（ほうしょ）などを用い、お祝いする。仲睦まじい友達の場合には、くだけて次のような贈り物をする場合もあった（『進物便覧』より）。

①白の元祝いと黒の元祝いを大きな曲げ物に入れて、その蓋に「名護屋漬」と書いて贈る。

②水打ち手桶に石を三つ入れて、手桶の柄の部分に「玉柏」（千年松の意味でおめでたいこと）と書いて持参する。

このような贈り物は一興ではあるが、度を過ごすとかえって興醒めとなる。

婚礼祝いは挙式の一週間ぐらい前までに、直接出向いてお祝いの言葉を添えて差し上げるのが正式である。包みの中央上部に「寿」または「御祝」と書き、下に姓名を書く。贈る包み方には豪華なものがいろいろあるが、前頁の図に示すものは吉事用の基本型である。

表書き	包み紙	水引	結び方	熨斗
御祝	紅白各一枚	紅白	結び切り	折熨斗
寿	白二枚	金銀		飾熨斗

表3　結婚祝い

ここで注意を要する点は、表包みの開き口が左側にくること、裏側のでき上がりは下側の折り返しが上になる点で、これは吉事の心は「喜びで天を仰いでいる」ことを表している。また包み紙は二枚以上を用い、水引は五本以上で、結婚は二度ないようにと、結び切りに結ぶのが原則である。

6 岩田帯

この語源は結肌帯（ゆわたおび）といわれる（『吉元梯』）。妊娠五ヵ月目に、腹部の保温、保護と胎児の位置を正常に保つために、腹に巻く白い布のことである。一般に五ヵ月目の戌（いぬ）の日に着けるが、昔から五は縁起のよい数とされ、また犬がたくさんの子を安産するのにあやかるためといわれる。岩田帯を贈るときの包み方は次頁上図のようである（小笠原流）。

結婚の贈り物

昔は生絹の一幅、八尺物（約二・四メートル）を耳を中にして、四つ畳みにして締めた。婦人の左の袖口から入れ、前から後ろへ二回して、右の脇に止めさせる。結ぶ人は帯の親として、適当な婦人にお願いする。

岩田帯これは出雲のこま結び　（柳多留）

7　還暦祝い

数え年六十一歳（満六十歳）を祝う儀式をいう。これは暦の十干（甲乙丙丁戊己庚辛壬癸）と十二支（子丑寅卯辰巳午未申酉戌亥）が組み合わされて、その最小公倍数の六十で、その人が生まれたのと同じ年に還ったという意味である。

四十歳からは十年毎に「賀の祝い」を祝う慣習があるが、その中でとくに六十歳の還暦が重視されるようになった。江戸時代以降、六十歳で生まれ変わるという意味から、頭巾、衣

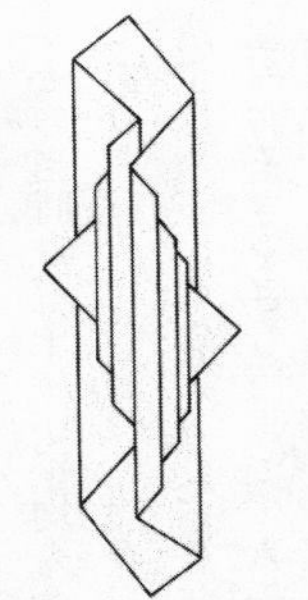
岩田帯包みの出来上り（小笠原流）

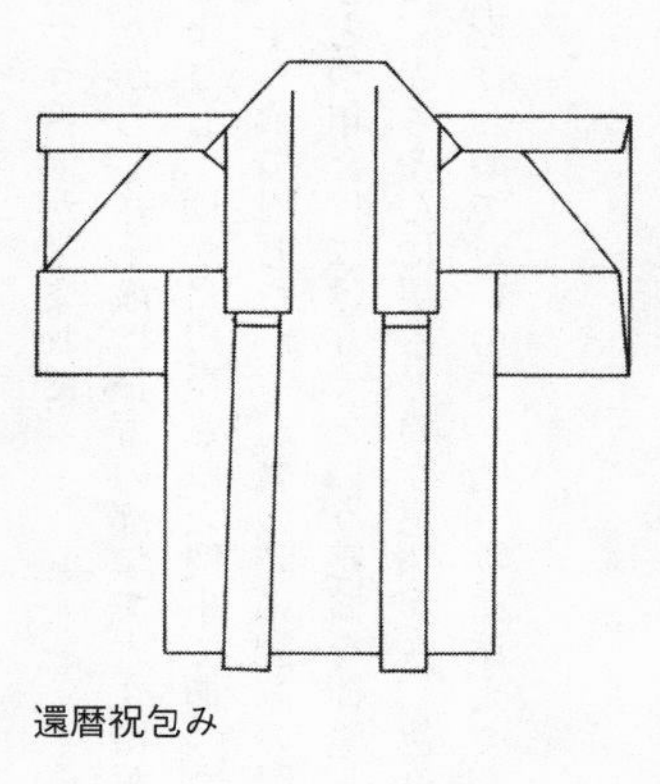
還暦祝包み

料品、座布団などの赤いものを贈るという習慣が生まれた。

その当時は五十歳が平均寿命であったから、六十歳は長寿の部類で大変におめでたい儀式であり、盛大に行われた。今日考えるよりも、遥かに珍重された慶事であった。書家の小野鵞堂は大正十一年（一九二二年）に六十一歳で没したが、還暦の時の記念の書に「我が筆の進みおそきをさし置きて、六十まりひとつ年たけにけり」という感慨を揮毫している。

還暦は生まれ年の干支に還るために、赤ちゃんに戻るという意味から、包み方はちゃんちゃんこを似せて折るとよい。この折り形はおめでたいので、贈り物に添えて、熨斗の代わりに使ってもよい。

8　葬礼（香奠）

葬儀の折に、親類や近所の人、知人らから贈られる品物や金銭のことを、広く香奠と呼んでいる。元来は香華（仏前に供える香と花）の代わりとしたものである。親類から贈られるものは、昔は穀物や野菜などであったが、それらを煮炊きして死者に供え、自分たちも食べたのであろう。一方、知人から贈られるものは霊の供養のためのもので、金銭であったらしい。

弔事用の包みは白紙一枚で包み、でき上がりは開き口が右にくることと、裏側において上側の折り返しが上になる。これは、弔事の時には「悲しみのために頭を下に伏す」からである。

包みの中央上部に「御香料」「御香典」（仏事）などと書き、下部に自分の姓名を書く。水引は右黒左白が原則であり、やはり結び切りに結ぶ。

9　法要

故人を偲んで供養するのが法要である。地方によっては法事ともいう。法要には四十九日、一周忌、三周忌、さらに七、十三、十七、三十三周忌、と続く。三十三周忌または五十回忌のことを「弔い上げ」といって、それ以後は法要を行わない。法要を行う場所は自宅かお寺であり、仏壇の前に位牌を安置して死者を供養し、墓地に参って板塔婆を立てて冥福を祈る。

法要に招かれた時は、金子を包んで霊前にお供えする。法要の場合の包み方は弔事用に当たるが、水引の色は関西では黄と白色を使うのが無難である。表書きは「御香典」または「御香料」が適当であろう。香典は死者の霊を弔い、お香を差し上げることを意味する。

今日では香典返しが行われる。人の移動の少ない農村では、香典をもらってもいつかは返せるから、直ぐに返す必要はなかった。したがって今でも香典返しをしていない地方もあ

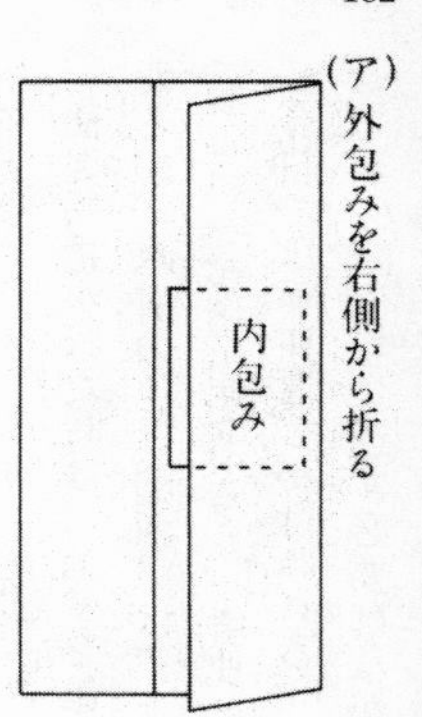

（ア）外包みを右側から折る

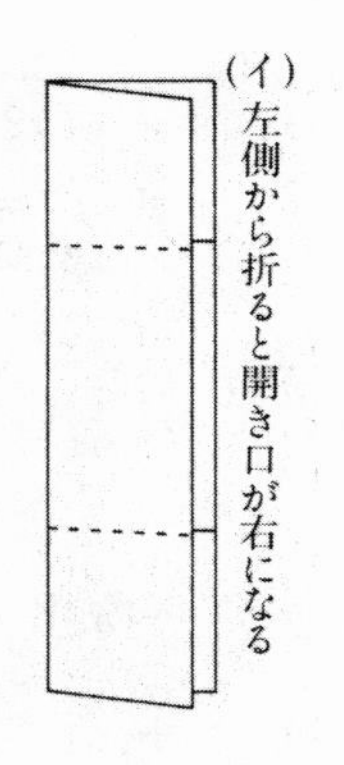
（イ）左側から折ると開き口が右になる

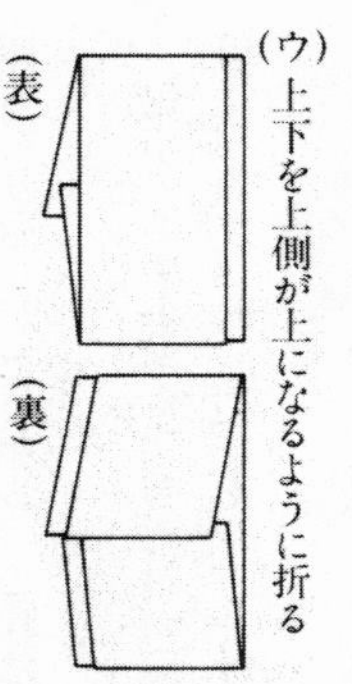

（ウ）上下を上側が上になるように折る

弔事用外包み

包み紙	水引	結び方	熨斗
白一枚	黒白 銀白 銀	結び切り	なし

表4　香奠包み

仏　式	神　式	キリスト教
御霊前 御香料 御香典 御香奠	御霊前 御玉串料 御榊料 御神饌料 御供物料 御神前	御霊前 御花料 御花輪料 ミサ料

表5　表書き

る。戦争中から終戦後に、農村に余所者がたくさん入って来た。そして村人と入ってきた人たちとの間にも、付き合いが生じた。

ところが、彼らは転勤その他の理由によって村を離れ、以後は付き合いは切れてしまう。そこで付き合いのある間に、清算をしておかねばならない。そのために香典返しが生まれたのである。

10　水引

今日の水引は細い紙縒りに糊をひいて乾し固めたもので、進物用の包み紙などを結ぶのに用いる。ふつう数本を合わせて、中央から色を染め分けてある。水引の利用は室町時代に盛んになり、江戸時代にすべてが完成した。

慶事の場合は紅と白、金と銀、金と赤などに、また弔事の場合は黒と白、藍と白、白一色、銀一色、黄と白などにする。黄と白は主として関西で用いられ、一年以上たった場合の法事に用いられる。また白一色の水引は神道およびキリスト教で多く用いられ、いずれも法事供養用であり、黒白では格式ばると思われる時、その略式として用いる。

水引を掛けることは古来、「自分を正しくして、先様を敬い、これに奉仕する」ことを意味する日本独自の礼儀である。水引の掛け方には、それぞれの約束がある。二色染め分けの

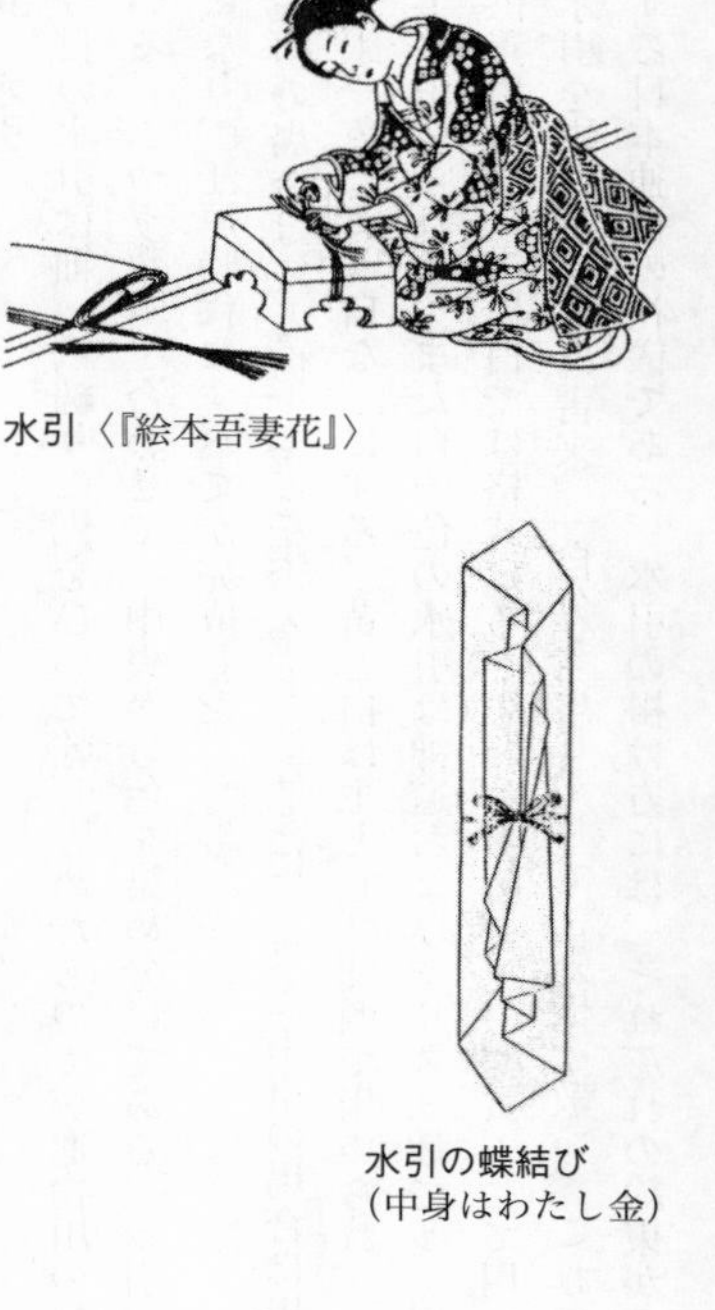

水引〈『絵本吾妻花』〉

水引の蝶結び
（中身はわたし金）

水引では、原則として向かって左側に色の薄い方がくるように結ぶ。したがって、紅白の場合は左手に白、金紅の場合には左手に金がくるように結ぶ。

婚礼や全快祝いなどには、「二度とないように」と「真結び」をした両端を「結び切り」にして、端をピンとはねるようにする。慶事用には「再びあるように」と、蝶結びにしたり、「真結び」に結んだ両端を花結びにする。

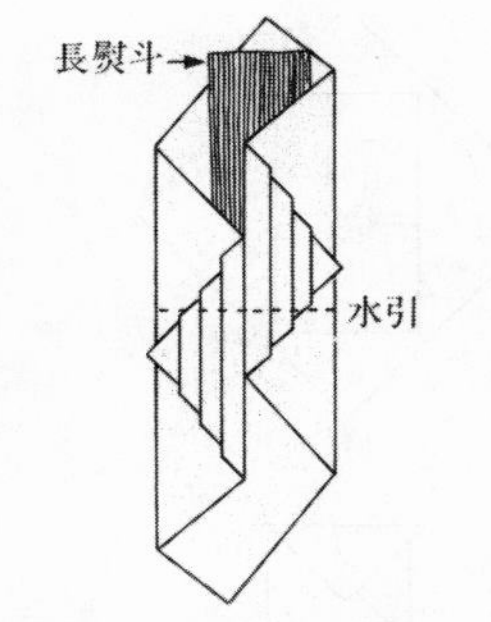

婚礼用の熨斗（小笠原流）

熨斗鮑〈『絵本江戸紫』〉

文月をゆふ水引や虹の雲　　吉弘

11　熨斗

熨斗鮑の略である。

鮑の肉を薄く削いで干し、それを台の上で青竹の筒などで伸したものである。鮑の肉は長く伸びるので、「永く伸びる」「永続きする」ようにと、縁起を祝うのに用いた。鮑は古くは食用であったが、江戸時代には儀式用の肴となった。

吉事には熨斗鮑を紙で包み、それに水引を掛けたものを進物に添えるのが例となった。今日の紙製の熨斗は、その名残である。

仏教では凶事には生臭物を排除する。贈り物に熨斗を付けるのは、吉事のしるしである。この意味で凶事に熨斗はつけない。

また鳥、魚、鰹節などを贈るのには、熨斗を付けな

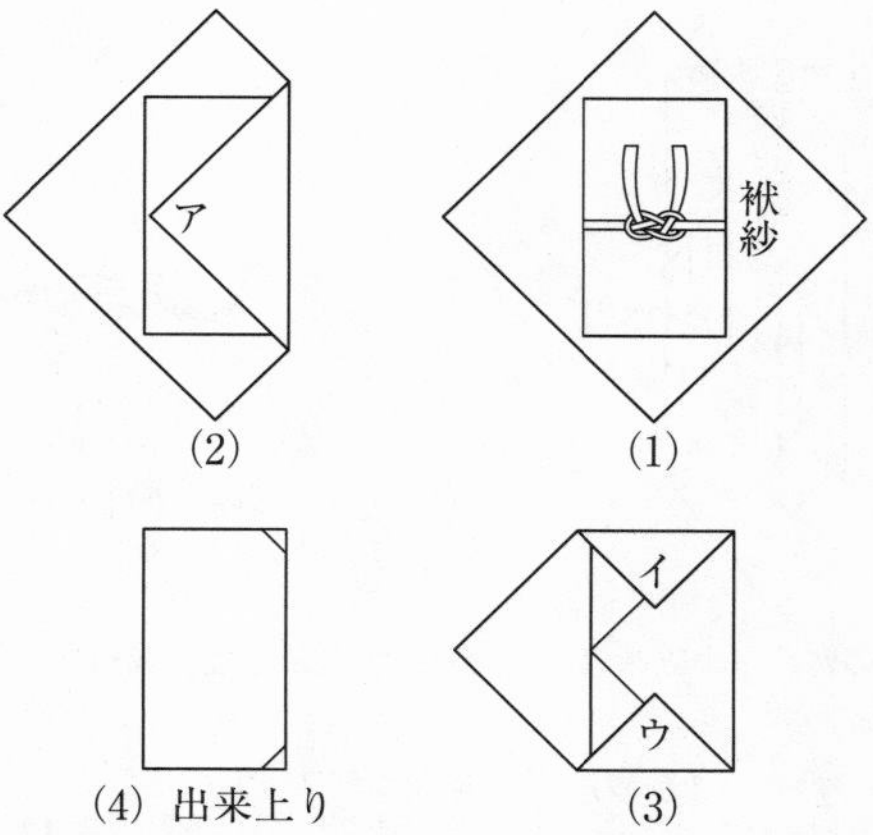

袱紗の包み方

い。これは、生臭物が重複するからである。

大まかに水引祝へ庵ののし　鳥堂
のしそへて我首やらん女武者　（雑俳）

12 袱紗

袱紗(ふくさ)は絹や縮緬(ちりめん)で作る五〇センチほどの方形のもので、裏地に無地の絹布を用いている。

進物などを運ぶ時に塵避(ちりよ)けに覆ったり、またはその上に掛けて用いる。茶道では茶器を拭ったり、茶碗を受けたり、茶入香合などを拝見する際、下に敷いたりする。

これを茶袱紗という。

国会の開会や解散の時、天皇が署名した詔書を包んでいるのを紫の袱紗という。平安時代には、紫色は帝王の色であり、高貴な色として四位以上の者でないと使えない色であった。

花の香をつつむ霞やふくさ物　　親重

八　日本文化における包み結び

はじめに

以上、百数十項目の行事について紹介を行ってきたが、ただ羅列しただけではそれらが秘めている歴史や思想、すなわち日本文化を窺い知ることは困難である。そこで自分なりに、これらをまとめて日本文化の一端を浮び上がらせてみたいと思う。

これらの行事中には神道、仏教、陰陽(おんみょう)五行説、民間信仰（村の氏神信仰を中心とした庶民信仰）が混淆していて、それを分類することは難しい。というのは、いずれの行事をとって見ても、純粋に神道的であるとか、仏教的であると定義できるものはほとんどなく、多くは神道と仏教の習合したもの、仏教と民間信仰の混淆したもの等々といえるからである。

以下に「神道的なもの」「仏教的なもの」「陰陽五行的なもの」に大きく分けて、説明を加えてみようと思う。

1　神道的なもの

先ず日本の神の性格から入ることにしよう。日本の神の特徴として、次の四つの性格を挙げることができよう。

①日本の神は、いつも高い所（山の上または天空）か遠い海の彼方にいる。
②平素はやさしく、慈しみ深い神であるが、怒ると恐ろしい神に変身する。
③荒んだ神の魂を落ち着かせ、鎮めるために祭祀を行い、歌舞、鼓笛によって神の魂を揺さぶり、人間との共感を高める必要がある。神楽はその一例である。
④神に祈って、人間の持つ罪、穢れ、災難を除き払ってもらうためにお祓いをする。六月と十二月に「大祓い」の儀式が行われるのは、その一例である。

右に述べたような神の性格を念頭において、神と人との交流を考えてみよう。高所にいる神を地上に招き、祭祀場に降臨願うために、その場所を示す依代が立てられねばならない。それには、天と地をつなぐ表徴として直立するもの、たとえば杉、松、榊、竹、柱などが選ばれる。御幣はその象徴的な造形物である。次に祭祀の折に用いられる祭具としては、しめ縄、玉串、山鉾、神輿、御札、初穂などがある。人間は祭祀の中で神への感謝を述べ、さらにこれからの神の御加護を願うのである。

神は平素、人間の農耕生産に必要な太陽や雨などの恵みを与えて、稲を生育させてくれる。ところが時には台風、雷雨、地震などによって災害をもたらす恐ろしい神にも変身する。最も激しい祟りを引き起こす死霊のことを、御霊(ごりょう)と呼んで恐れる。これをなだめるために行う祭のことを、御霊会と呼んでいる。

祟りの最たる神は天神社（北野神社）であり、また祇園会（八坂神社）や御霊会（賀茂神社）や牛頭(ごず)天王（熊野三所権現）もこれに属する。祟りの激しい神ほど、それをなだめるために行う祭祀は、賑やかで華やかなようである。

人間の持つ穢れや災いを除き払うために行うお祈りを、「大祓い」という。その方法としては、①穢れを除くために水を浴びて禊(みそぎ)をする、②お祭りをして、お祈りによって災いを払う、③厄払いをする、などの方法が行われる。

本書で述べた各行事の中から、季節毎に「神道的」なものを挙げると、次のようになる。

春　新年　おけら祭り　常陸帯(ひたちおび)
　　針供養　初午(はつうま)

夏　葵祭り　祇園会　三社祭り
秋　牛祭り　風祭り　島田帯祭り
冬　鎮魂祭

2　仏教的なもの

先祖の霊は、子孫の幸福を見守り、繁栄を約束してくれるが、もしその供養を怠ると、子孫に対して苦難（祟り）をもたらすものと見なされている。

人間は死んで埋葬されると、その穢れた霊は、それから年毎に訪れる盆、彼岸や年忌の法事によって浄められ、次第に個性を失っていき、三十三回忌（または五十回忌）の弔い上げによって、祖霊神に昇格すると考えられている。このような先祖観は、仏教と日本固有の信仰との習合の産物といえる。いろいろの忌の中で、各由来を訪ねると、

四十九日の忌　インドから渡来
百ヵ日、一周忌、三周忌　中国の儒教から
七回忌以降の忌　日本固有のもの

となるようである。

春秋のお彼岸とお盆行事は、仏教的なものの最たるものであろう。生死流転(しょうじ)に迷う此岸に対し、煩悩を超えた悟りの境地を彼岸という。春分と秋分の日を挟み、それぞれ七日間がこれに当たる。この日は真西に太陽が沈み、その場所を極楽浄土と結び付けた。この浄土信仰が彼岸の始まりであろう。

この日には彼岸参りといって、寺や墓にお参りをして供養を行うことになっている。そして団子や牡丹餅を作って近所に配る地方がある。これらの各行事は、仏教と日本固有の信仰とが同化したものである。

盆（盂蘭(うら)盆）は陰暦の七月十五日を中心にして行われる仏事であり、この日は祖先の霊を自宅に迎えて、供物を供えてお経をあげる。十三日には迎え火を、十六日には送り火をたくことになっている。

宮中で行われるお盆行事は、インドの農耕儀礼と仏教の習合したものと考えられる。その後民間に移り、いろいろな盆行事が行われるようになったが、これには我が国固有の民間信仰が結び付いているといわれる。

我が国のお正月行事はお盆とよく似ており、ともに年二期の祖霊祭である。年の神迎えといって一見晴れやかに見えるお正月であるが、その背景は仏教的思想に裏打ちされているのである。いま両方の行事を比較してみると、盆行事には盆花迎え、ミタマの飯、盆棚、盆礼、送り火があり、正月行事には松迎え、ミタマの飯、年棚、年始廻り、ドンド焼がある。すなわち盆と正月の行事は、非常によく似た魂祭である。

昔は正月と盆の二回が魂祭の時期であったが、先祖を祀る行事は次第に盆のほうに移り、正月行事からは仏事的なものが除かれたのであろう。その代わりに一月十六日の小正月のほうに、寺参りや仏正月（仏を祀り墓参り、寺参りをする）が移ったと考えられる。仏正月は、一月十六日にする地方が多い。また仏教行事には、涅槃会と灌仏会の二大行事がある。

3　陰陽五行的なもの

中国の戦国時代（前四〇三年〜前二二一年）に別々に成立した陰陽道と五行説が、漢代に合わさってできたものである。陰陽説とは、すべての相対するものを陽＝男、日、春、昼、南に、また陰＝女、月、秋、夜、北と配して、万物の化成はこの陰陽二気の消長によると考えた。

一方の五行説とは、木、火、土、金、水の五つの星の動きを抽象化したものである。五行のうち木・火は陽、金・水は陰、土はその中間にあるとして、これらの消長、交替によって万象を解釈、説明する思想である。これは天文学や医学から経書（儒教の本）の解釈にまで適用され、とくに暦法と結合して干支の組み合わせによる多くの迷信を生み、中国や日本の日常生活に大きな影響を与えた。

たとえば、年齢通過の折り目に当たって厄年を迎える。それは男は二十五歳と四十二歳、女は十九歳と三十三歳である。とくに男の四十二歳と女の三十三歳は大厄といわれた。昔は寿命が短かったので、これで充分であったのであろう。厄年には災難に遭うから、諸事に慎み深く振る舞わねばならない。そして厄払いをする必要があり、節分の夜の豆まきなどもその一つである。

陰陽五行的なものを日常生活の中から探してみると、次のようである。

①十二支と方位が、お祭りや行事の中に生きている。

②忌や穢れの思想が、農耕、山狩り、漁業の中に生きている。

③「日」の吉凶が建築、葬式、結婚などの日取りに生きている。

また干支によって六十日目毎に行われる庚申待や甲子待があり、他に正月子の日、二月の初午、四月卯の日、土用丑の日、七月と十月の亥の日、十二月の酉の市など、十二支による行事が行われている。節分の行事にも呪術的なものが多い。この他に、俗信的（禁忌、呪術、妖怪、憑物（つきもの）など）なものがいろいろあるが、その中には陰陽五行とからんでいるものが少なくない。

4　再び年中行事を考える

これまでに得た知識を基礎にして、もう一度年中行事について考えてみることにしよう。一年という期間を大きく春と秋の二期に分けると、春耕と秋収としてとらえられる。そして中間の時期にあたる夏には、悪疫や病虫害、風水害などから免れるためのお祭りや行事が盛り込まれている。

年中行事は稲作を中心とした生産暦と深く結び付いて、季節の祭りとしても行われる。すなわち春期の祭りは農耕開始の時期に当たり、冬の間に衰えた魂の復活をはかり、農耕の豊穣を予祝するものであった。中でも小正月（一月十四日から十六日）には、農作業に結び付いて呪術的なお祭りが集中している。

夏になると、疫病や災害の除去を願っていろいろな夏祭り、たとえば御霊会や盆祭りなどが行われる。全国的に行われる夏越（なごし）の祓（はら）いなどもよい例である。

秋は収穫感謝の祭りを中心に行われる。豊穣（ほぜ）祭（九州から近畿一体）や北野ずいき祭り（京都）、神嘗（かんなめ）祭などはその一例である。

冬になると、魂への新しい威力、復活を願って鎮魂祭り(たまふり)や、柚子湯(ゆず)、冬至粥（小豆粥）など、万病を防ぎ、厄(やく)を払う行事が行われる。また各種職人が、自分の道具にお祓いをする祭りが設けられる。

では我々が豊作や除災をお願いする神とは、どんな神であろうか。それは祖霊神と自然神とが考えられる。正月と盆にかかる行事は、祖霊祭的なものが多い。祖霊に対する行事というのは、「予祝」と「予見」を主としたものである。

一方、自然神というのは、田の神、山の神、風雨の神などである。自然神に対する行事は、除災を主としたものが多い。たとえば、事始め（二月八日）、虫送り、穂掛祭り（八月一日）、亥(い)の子などには、災厄を逃れるものが含まれている。

これらの神を迎えるためには、我々はどのような準備をしなければならないのであろうか。いまそれらを列記してみると、次のようになる。

①まず物忌(ものいみ)の生活に入ること（潔斎(けっさい)）。
②神を迎えるための依代(よりしろ)が作られ、供物が捧げられる。
③降臨を願った庭で、予祝、予見、除災の行事が行われる。
④神は皆で送られて還る。

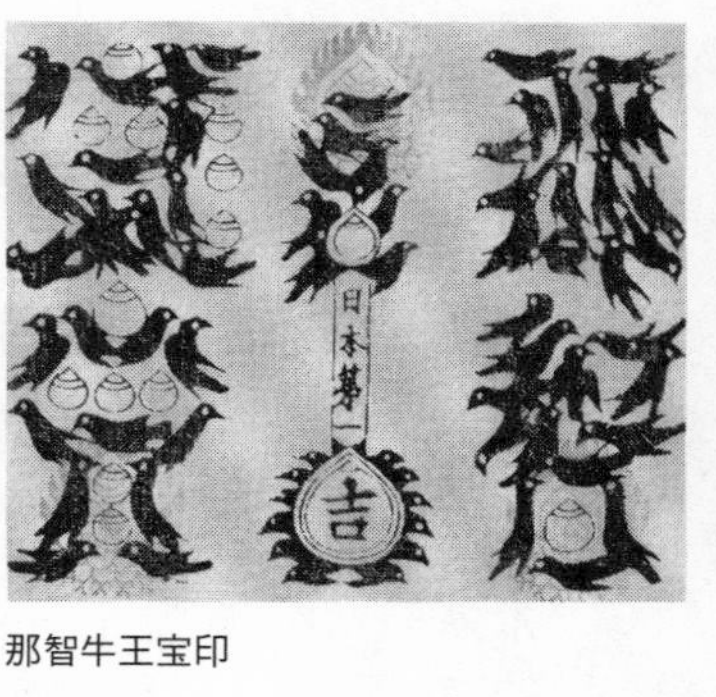

那智牛王宝印

5　包み結びとのかかわり

祭りや行事を行う場合には、それに必要な祭具や調度品を用意しなければならない。神が祭場へ降臨するための依代(よりしろ)として、榊、棒、柱、幣(しで)、旗幟(きし)、剣鉾などが用意される。さらにお祭りには、神と人間とが響応するために、笛や太鼓などの楽器が用意される。

神の乗り物としての神輿や、飾り物としての山鉾なども必要である。別に精神的な物も必要である。お守りの中身は、紙、布、木、金属などに神仏の名前や尊像などが記される。またお祓いには人形（依代）が使われ、穢れや災いをいっさいこの人形に移して、これを川に流すのである。

占い、呪い(まじな)、願掛けなどには、いろいろな護符が用いられ、安倍晴明印とか、結びの呪術(じゅじゅつ)が多く用いられる。右図に示す護符は那智牛王宝印(ごおうほういん)といわれるもので、図中央の下の鏡の中に「吉」の字が見える。またその上に載っている剣の姿を「糸」の形に見立てて、糸偏に「吉」の字を組み合わせて「結」という字に読める。これは神名の「夫須美(ふすみ)」に通じるので、この図案が考えられたのであろう。

いままで見てきたように、年中行事の祭具や用具、護符の中には、脇役として広義の包み結びに関するハードウェアーとソフトウェアーが、いろいろと組み込まれていることが理解できよう。締め括りとして、文中からこれらを季節毎に列記してみよう。

新年

1　結び関係　しめ縄　結び昆布　お飾り　水引　猿曳縄　四手　綱引縄　縫初め
背守り文様　初髪結い　元結い　絢い初め　結び柳　ふくら雀　吉
弥結び　太鼓結び

2　包み関係　木花包み　草花包み　扇子　袱紗包み　屠蘇散袋（とそさん）　箸包み　ずた袋
糸包み　羽織紐包み　お年玉包み

3　祈占呪術関係　綱引き　掛鯛　幸木　七福神　包み蓬莱　宝引縄　屠蘇散　常陸帯（ひたち）
の神事

春

1　結び関係　壺飾り　封じ結び　結び三つ葉

2　包み関係　葉包み　針包み　仕服の飾り

3　祈占呪術関係　　針供養　事始め　梅若忌　籠目印

夏

1　結び関係　　三つ打ち縄　紙縒り　葵蔓　鵜縄　飾り結び　鉢巻き　襷　締め込み　帯　火縄

2　包み関係　　簾　蚊帳　柏の包み　香包み　網　手甲　脚絆　粽　花包み　足袋　匂い袋

3　祈占呪術関係　　菖蒲打ち　菖蒲の枕　薬玉　茅の輪　葵祭り　祇園会　三社祭り

秋

1　結び関係　　高縄　帯垂らし　飾り結び　褌　揚巻結び　横綱　組紐　おかずら　結び

2　包み関係　　霞網　菊花包み　香包み　風呂敷　袋

3　祈占呪術関係　　牛祭り　風祭り　晴明判紋　七夕　綱引き　帯祭り　ずいき祭り

冬

1　結び関係　　綾取り　縄跳び　日蔭の蔓　羽織紐

2　包み関係　　餅包み　襟巻　角巻　飴袋　頭巾　豆包み　袴　巻鰤　鰤籠　足袋　紙袋

3　祈占呪術関係　帯占　納め八日　鎮魂祭　袴着　亥の子　七五三　節分

通過儀礼

1　結び関係　褌　岩田帯　水引　銚子飾り

2　包み関係　結納金子包み　雄蝶折り形　雌蝶折り形　結婚金子包み　還暦金子包み　法要金子包み　熨斗（のし）包み　袱紗（ふくさ）包み

以上のものを合計すると、結び関係は四十五件、包み関係は四十八件、祈占呪術関係は三十三件が使われている。これらは祭典の用具や護符の脇役であるとはいっても、日本文化の中に占める包み結びの意義は、決して少なくはないといえよう。

あとがき

いまこの稿を終わってみると、いろいろな想いが胸のうちをよぎるのである。この本で取り上げた年中行事の多くは、今日すでに姿を消しているのではなかろうか。そのようなものを麗々しくうたい上げてみて、何の役に立つのだろうと一応反問してみる。

よく考えてみると、民俗儀礼というものは一度すたれたように見えても、その民族の底流に生き続けていると考えられる。神社、仏閣の神事や行事の中に残っているものもあり、また日常生活の折々に、お祓いや占いなどのうちに影をひそめているものもあろう。復古調の今日、床の間付きのマンションに住んで、生花を楽しみ、七五三の当日は子供に美しい振袖を着せてお宮参りをし、合格祈願の絵馬を奉納するなど、昔のままの習俗が未だ生きているものもある。

しかし近い将来に、これらの儀礼、行事が消え去って、西欧化されることもまた事実であろう。それでもなお、昔の人と同じ考えを持ち、同じ習性を持ち続けるもの、これが民俗というものであり、その意味から将来も我々の文化の断絶はあり得ないと思うのである。

なお我々はこれから、より深く日本の歴史や民俗を学ばねばならない時期にきていると思う。最近、「国際化」が国をあげて声高らかに叫ばれているが、ある識者は「国際人になる第一歩は、日本人が自国の歴史や民俗をもっとよく知ることである。世界に出ていって、誰しも気付くことは、いかに自国のことを知らないかということであり、国際人になる条件は何といっても、祖国の文化を相手に知らせることから始まる」と語っているが、この意見にはまったく同感である。

顧みると、私が「包み結び」の研究に踏み込んでから既に五十五年が夢のように過ぎ去った。その間には喜びもあれば悲しみもあり、よくぞ今日まで地道な研究が続けられたものであると思う。その年月の間に公表した著述は、『ひも』『結び』『包み』『垣根』『門』などであり、これら一連は「占有」「包括」「境界」「結界」などの概念にかかわるもので、これらは日本文化の根源をなすものと思う。そして本書もまた、その系譜につながるものである。

最後に俳句の専門家でない私が、このような題目の本を作ったいきさつについて述べたい。私はある新聞社の依頼で、三年前から「時事漫詠」（どどいつ）を月三回寄稿しているが、その間に、自分の専攻の「包み結び」を歳時記風にまとめられないものかと思いついた。歳時記風なら「どどいつ」ではだめで、俳句のお世話にならねばならない。このような理由で、文中に先人の名句を折り込みながら、本書をまとめたわけである。

本稿の作成に当たっては、『日本大歳時記』（講談社）に大変お世話になった。本来ならば、その他参考にした書名もあげるべきであるが、他はお許しをいただきたい。

最後に本書の出版に当たって、株式会社福武書店・田村幸久氏の親身なご協力に対して心から感謝する次第である。

一九九一年　初秋

額田　巌

KODANSHA

図版作成　さくら工芸社

本書の原本は、一九九一年一〇月、福武書店より刊行されました。

なお、本書には現在、差別的とされる表現も含まれていますが、著者が故人であること、差別を助長する意図はないことを考慮し、原本刊行時の文章のままとしました。

額田　巖（ぬかた　いわお）

1911年，岡山県生まれ。早稲田大学理工学部卒業。工学者。包結研究家。回路接続から「結び」に興味を持ち，1962年東京教育大学文学博士号を取得。世界各地の結びについて調査，執筆する。『結び方の研究 歴史と実際』『結び』『垣根』『ひも』『包みの文化』『日本の結び』『結び目の謎』など著書多数。1993年没。

定価はカバーに表示してあります。

包み結びの歳時記

額田　巖

2023年1月11日　第1刷発行

発行者　鈴木章一
発行所　株式会社講談社
東京都文京区音羽2-12-21 〒112-8001
電話　編集（03）5395-3512
販売（03）5395-4415
業務（03）5395-3615
装　幀　蟹江征治
印　刷　株式会社ＫＰＳプロダクツ
製　本　株式会社国宝社
本文データ制作　講談社デジタル製作

© Keiko Nukada　2023　Printed in Japan

落丁本・乱丁本は，購入書店名を明記のうえ，小社業務宛にお送りください。送料小社負担にてお取替えします。なお，この本についてのお問い合わせは「学術文庫」宛にお願いいたします。
本書のコピー，スキャン，デジタル化等の無断複製は著作権法上での例外を除き禁じられています。本書を代行業者等の第三者に依頼してスキャンやデジタル化することはたとえ個人や家庭内の利用でも著作権法違反です。Ⓡ〈日本複製権センター委託出版物〉

ISBN978-4-06-530384-9

「講談社学術文庫」の刊行に当たって

これは、学術をポケットに入れることをモットーとして生まれた文庫である。学術は少年の心を養い、成年の心を満たす。その学術がポケットにはいる形で、万人のものになることは、生涯教育をうたう現代の理想である。

こうした考え方は、学術を巨大な城のように見る世間の常識に反するかもしれない。また、一部の人たちからは、学術の権威をおとすものと非難されるかもしれない。しかし、それはいずれも学術の新しい在り方を解しないものといわざるをえない。

学術は、まず魔術への挑戦から始まった。やがて、いわゆる常識をつぎつぎに改めていった。学術の権威は、幾百年、幾千年にわたる、苦しい戦いの成果である。こうしてきずきあげられた城が、一見して近づきがたいものにうつるのは、そのためである。しかし、学術の権威を、その形の上だけで判断してはならない。その生成のあとをかえりみれば、その根は常に人々の生活の中にあった。学術が大きな力たりうるのはそのためであって、生活をはなれた学術は、どこにもない。

開かれた社会といわれる現代にとって、これはまったく自明である。生活と学術との間に、もし距離があるとすれば、何をおいてもこれを埋めねばならない。もしこの距離が形の上の迷信からきているとすれば、その迷信をうち破らねばならぬ。

学術文庫は、内外の迷信を打破し、学術のために新しい天地をひらく意図をもって生まれた。文庫という小さい形と、学術という壮大な城とが、完全に両立するためには、なおいくらかの時を必要とするであろう。しかし、学術をポケットにした社会が、人間の生活にとってより豊かな社会であることは、たしかである。そうした社会の実現のために、文庫の世界に新しいジャンルを加えることができれば幸いである。

一九七六年六月

野間省一